LE GUIDE DU CRAWL MODERNE

Solarberg Séhel

Direction éditoriale : Elvire Sieprawski

Conception graphique et réalisation : Catherine Julia (Montfrin)

Illustrations : ©Elise Gilles (Paris, http://elisegilles.wordpress.com/)
Infographie : ©Idée Graphic (Toulouse)
Photo couverture : ©Miguel Salmeron/gettyimages
Photos intérieures : ©Shutterstock

Imprimé par France Quercy à Mercuès (France)

Dépôt légal : 4e trimestre 2013 - n° d'impression : 50886

ISBN 978-2-36549-057-3

À ma femme, mes deux enfants
et à mon père qui a su me montrer l'importance
de l'exercice physique.

SOMMAIRE

PRÉFACE

J'aime les livres qui entrent dans les détails, et celui-ci entre **vraiment** dans les détails. C'est très précieux, que l'on vise le très haut niveau ou que l'on nage pour le plaisir, car **ce sont les détails qui font la différence**.

Les meilleurs nageurs naissent avec des qualités physiologiques. C'est un point de départ. Par exemple, une de mes forces en tant que sprinteur, c'est ma vélocité. Mais une fois que ces qualités, qui nous sont données à la naissance, sont découvertes, il y a des « mariages » à faire avec les entraîneurs. Et **la recherche des détails qui font progresser** ne s'arrête jamais !

Mon 100 mètres le plus abouti est celui que j'ai couru à 29 ans, l'été 2013 à Barcelone[1]. Mais tous les ans on découvre des moyens de progresser ! En fait, une carrière c'est trop court pour exploiter 100 % de ses capacités. Je sens que physiologiquement j'ai atteint certains paliers, mais que ce sont les détails techniques qui peuvent me faire aller encore plus vite. Je vais donner deux exemples.

En ce moment[2], je m'attache à me concentrer sur l'axe main-épaule. Quand on est en fin de course, qu'on fatigue, on a tendance à « croiser ». Or il faut s'efforcer de garder la main dans l'axe de l'épaule et tirer le plus droit possible comme l'auteur de ce livre l'explique très bien. Le deuxième exemple est le suivant : en tant que sprinteur, je dois chercher à être le plus explosif possible dans le trajet sous-marin, et le plus relâché possible sur le passage aérien. C'est également un point bien souligné dans ce livre.

En analysant le crawl dans ses moindres détails, ce guide va rendre un grand service aux nageurs confirmés comme aux novices.

L'eau est le seul environnement où l'on se déplace en apesanteur, la natation n'est pas un sport traumatisant (enfin, sauf dans le haut niveau !). Quand on a réussi à caler sa respiration, qu'on a trouvé son équilibre dans l'eau, qu'on a apprivoisé cet élément, on entre dans une zone de confort qui est celle du **plaisir de la glisse**. C'est à partir de ce moment qu'on nage plus longtemps et qu'on progresse. Quand je parle à des nageurs, quel que soit leur niveau, tous ont ce même ressenti. Le grand mérite du livre de Solarberg Séhel c'est qu'il permet d'atteindre cette zone de bien-être supérieur, que l'on nage 200 mètres, 500 mètres ou 2500 mètres.

Fabien Gilot
Champion olympique - 4 x 100 m nage libre (Londres 2012)
Double champion du monde - 4 x 100 m nage libre
et 4 x 100 m 4 nages (Barcelone 2013)

1 NdE : Le 28 juillet 2013, Fabien Gilot est devenu avec Yannick Agnel, Florent Manaudou et Jérémy Stravius champion du monde du relais 4 × 100 mètres nage libre à Barcelone (Espagne), devant les États-Unis et la Russie. Fabien Gilot a couru le relais le plus rapide de tous les participants en 46"90 ce qui a permis de replacer la France dans une course jusque là mal engagée, mais brillamment conclue par Jérémy Stravius.

2 NdE : 7 novembre 2013

ILS PARLENT DU LIVRE...

Le guide du crawl est un livre issu du blog *Le plaisir de nager*. Il révèle une analyse très complète et méthodique du crawl. Tous les aspects techniques sont étudiés : horizontalité, gainage, respiration, battements, etc. L'auteur y détaille aussi les différents styles, le matériel utile dans cette nage et propose différents éducatifs.

Il s'agit d'un travail assez unique avec une approche plus détaillée que celle que l'on retrouve dans les autres livres de natation. Le nageur qui le lit est quasiment sûr d'y trouver différentes pistes d'amélioration et de nouvelles idées à mettre en œuvre lors de ses futures séances.

Tout ce que vous avez voulu savoir sur le crawl (ou presque) ! Ce livre est avant tout destiné aux nageurs sachant déjà nager et qui désirent perfectionner leur technique en crawl, prendre plus de plaisir à nager et parfaire leur condition physique grâce à la natation.

L'auteur, passionné de natation, transmet de manière simple et pédagogique ses connaissances et son plaisir de nager acquis à force de pratique, d'échanges, de lectures, d'études et de réflexions.

MATTHIEU CHADEVILLE

CRÉATEUR DU SITE WWW.NATATIONPOURTOUS.COM ET AUTEUR DU LIVRE

NATATION : MÉTHODE D'ENTRAÎNEMENT POUR TOUS

(EDITIONS AMPHORA).

Un ouvrage très détaillé sur le crawl, pour ceux qui savent déjà nager. L'auteur décompose la nage, le rôle de chacune des parties du corps, la synchronisation du nageur, les défauts les plus courants avec des éducatifs pour en prendre conscience et les corriger. L'ouvrage regorge de conseils et d'idées.

WWW.NAGEURS.COM

Je prends un grand plaisir à lire et relire votre ouvrage qui m'ouvre l'esprit sur l'approche de la natation.

ROBIN T.

J'ai lu votre ouvrage avec entrain et curiosité tant il est différent des nombreux autres ouvrages sur la natation que j'ai eu l'occasion de lire tout au long de ma carrière de maître-nageur (commencée en 1984). Un grand merci pour cette source pédagogique précieuse dont j'ai largement vanté l'intérêt auprès de mes collègues.

PHILIPPE A.

J'ai beaucoup apprécié votre livre qui contrairement à beaucoup d'ouvrages sur les techniques sportives présente un intérêt réellement pratique.

CHRISTIAN F.

Merci beaucoup pour ce livre, vraiment très bien, et c'est vraiment super de prendre un point-clé et de le travailler à l'entraînement ! Ça marche !

GRÉGOIRE A.

Je suis très satisfait de votre livre car j'ai trouvé toutes les réponses aux questions que je me posais et surtout vous m'avez "simplement" expliqué ce qu'il fallait faire et ne pas faire et pourquoi.

JEAN-JACQUES B.

Ça fait plus de 25 ans que je nage et depuis que j'ai commencé à lire votre livre, j'ai radicalement changé mon approche de la natation. Pendant des années, j'ai nagé comme un "bourrin" via des séries sans trop me préoccuper de la technique et aujourd'hui je m'y attaque sérieusement. Malgré mes 48 ans, je pense même bientôt pouvoir aller plus vite qu'à mes 20 ans sur longue distance !

PHILIPPE L.

Depuis l'achat de votre livre, j'ai pas mal progressé en crawl ! Merci encore !

UN ACCRO DE LA NATATION DE 49 ANS, CHRISTOPHE D.

Excellent ! Je recommande ce livre aux pros comme aux débutants. On y trouve de précieux conseils. Personnellement, ce que j'ai lu m'est très utile et me permet de progresser jour après jour.

LAURENT S.

Excellent bouquin... comme le blog ! Pour le débutant, l'initié ou le confirmé... Ce qui est proposé dans ce livre comble celui qui veut progresser intelligemment, en réfléchissant à sa propre technique. Je le recommande à tous !

MAX

La classe ce livre, merci ! J'étais déjà un fidèle lecteur du blog, mais dès aujourd'hui j'ai toute la théorie nécessaire sous la main pour m'améliorer :-)

FABRICE C.

Il m'a fallu presque 7 ans de natation, dont plus de 3 en club (perfectionnement et master) et 6 mois de cours particuliers, pour découvrir de manière fortuite que le roulis procure une nage à la fois plus reposante et plus efficace. C'était il y a 4 mois, lors de la dernière longueur d'un 400 m qui m'avait éreinté. Pour terminer cette dernière longueur, je me suis relâché et mon corps m'a montré ce qu'il fallait faire ! Eh bien cette découverte est incontestablement mon progrès le plus important en... 7 ans ! Il m'a fallu être patient, à moins que je sois un nageur peu réceptif (je précise que j'ai 57 ans et qu'un 100 m me demande 1'30"). J'ai apprécié votre introduction du crawl centrée sur la recherche de l'équilibre global du corps, sur ce fameux roulis en particulier, en laissant pour la suite des détails tels que la position de la main à l'entrée dans l'eau par exemple. Je ne peux que regretter que les maîtres-nageurs et entraîneurs que j'ai côtoyés ne m'aient pas vraiment inculqué ces points de base : être à l'aise dans l'eau, sentir l'appui, etc. Ils n'insistaient que sur la précision du geste.

THIERRY T.

Je suis très impressionné par cet ouvrage et par ce que j'y ai découvert. J'ai enfin trouvé les réponses aux nombreuses questions que je me posais et j'étais sur de fausses pistes. Par exemple, je pensais qu'il fallait être bien à plat sur l'eau et que le roulis nuisait à l'avancement du nageur. J'ai découvert que c'est tout le contraire ! J'ai découvert aussi l'usage des dorsaux. Merci !

FRÉDÉRIC D.

Bonjour et merci pour votre livre qui correspond exactement à ce que je cherchais, des réflexions concrètes avec du vrai ressenti pour aider à progresser, surtout quand comme moi on s'y met vraiment tard mais avec passion (je vais à la piscine presque tous les jours !).

Jean-François M.

L'ensemble est vraiment excellent et comble un manque dans la littérature de natation (qui est à la fois rare et bien trop superficielle à mon goût). J'ai 49 ans, j'ai fait 3 ans de natation en club adulte « perfo » il y a déjà presque 30 ans ! Mais j'ai toujours continué à nager depuis et j'y ai ajouté de la course à pied. Parmi les éléments du crawl que vous présentez, il y en a quelques uns que j'avais pressentis sans m'en rendre clairement compte, par exemple ne pas garder le ventre rigide et horizontal (j'entends encore mon entraîneur de l'époque nous le demander !) et bien se servir du roulis et du poids du corps, enfoncer le thorax pour remonter le bassin et les jambes. Votre livre a mis des mots sur certaines contradictions entre les directives d'hier et mes sensations d'aujourd'hui !

Je suis impressionné par les détails que vous donnez sur les nombres de coups de bras, les considérations sur la fréquence et l'amplitude, les changements de style selon la vitesse, c'est vraiment très pertinent tout en restant très ouvert sur la recherche de son propre style.

Marc A.

J'ai dévoré votre bouquin ce week-end. J'y ai appris plein de trucs. Reste à les appliquer, en commençant par les plus « rentables ».

Manu S.

Vos remarques sont vraiment pertinentes et grâce à votre livre j'ai pu éliminer nombre de mes défauts. Chaque séance de nage est devenue une vraie réflexion et chaque application réussie me procure l'exacte sensation du « plaisir de nager ». (Remarque d'un maître-nageur triathlète à mon encontre et surpris : « *Ta nage est vraiment fluide.* »)

Carlos C.

Par delà le plaisir de nager, dont je ne saurais depuis des années m'affranchir, j'ai beaucoup de plaisir à vous (re)lire ... Merci encore pour le partage de ces riches expériences qui souvent croisent mes propres recherches et l'insatiable quête des sensations et de leur volupté.

CÉDRIC G.

J'ai été bluffé par ce livre (5 étoiles pour moi, un « *must have* » technique) !

CHRISTOPHE R. ”

AVANT-PROPOS

Au travers de mon blog www.leplaisirdenager.blogspot.com créé en 2009, j'ai tenté d'offrir aux lecteurs les informations que j'aurais aimé avoir à ma disposition lorsque j'ai commencé à me mettre sérieusement à l'apprentissage et à la pratique du crawl.

À l'époque, il y a plus de vingt-cinq ans, je n'ai pas trouvé dans les livres (Internet n'existait pas) de réponses satisfaisantes à mes interrogations sur la technique. L'accès aux vidéos de nageurs, tel qu'il est possible aujourd'hui grâce à Internet, en particulier aux ralentis et aux vues sous-marines, n'existait pas et il m'a fallu pallier tous ces manques pour enfin réussir à crawler décemment et prendre plaisir à nager.

Depuis bien sûr, l'accès à l'information a été énormément facilité. Il est maintenant extrêmement aisé d'étudier, grâce aux moyens vidéo modernes, la technique des meilleurs nageurs mais encore faut-il savoir les décrypter. Une interprétation erronée des images peut aggraver certains défauts au lieu de les corriger.

Rien ne remplacera jamais un bon entraîneur qui saura parfaire la nage de ses athlètes. Malheureusement, tout le monde n'a pas la chance de pouvoir nager sous la supervision d'un tel entraîneur et beaucoup d'amateurs passionnés doivent se contenter de nager aux horaires publics des piscines sans aucune supervision technique. C'est à eux tout particulièrement que ce livre (et mon blog) s'adresse. Que vous soyez ancien ou récent nageur, un triathlète amateur, qui veut se remettre à la natation et mettre à jour sa technique ou simplement un nageur régulier voire passionné en quête de plus d'aisance et de plaisir dans l'eau, ce livre est fait pour vous.

POURQUOI LE CRAWL ?

J'ai consacré ce livre au crawl pour plusieurs raisons.

- C'est une nage technique à tous les niveaux. Alors que la brasse et le dos crawlé sont des nages que l'on peut nager assez bien sans grande technique, le crawl, au contraire, demande très tôt la maîtrise de nombreux paramètres. Ce n'est pas pour rien si neuf Français sur dix ne sont pas capables de nager 100 mètres en crawl d'affilée (je pense honnêtement que cette statistique est bien optimiste car à regarder les lignes d'eaux aux horaires publics, ce chiffre semble bien plus faible).
- C'est la nage reine du fait du rapport effort/performance très favorable et également la nage la plus rapide ; c'est donc logiquement la nage que l'on pratique dans un sport tel que le triathlon.

À titre personnel, c'est la nage que je préfère et que je trouve la plus intéressante tant à étudier qu'à pratiquer. Elle demande un véritable travail de réflexion et une analyse du ressenti plus complexe que les autres nages. Elle requiert aussi un important travail technique pour être maîtrisée et ceci est d'autant plus vrai que l'on se met au crawl sur le tard. L'observation des nageurs dans les piscines aux horaires publics montre à quel point très peu d'entre eux maîtrisent bien les positions et les gestes fondamentaux d'une bonne technique en crawl. Transmettre ce savoir est aussi un défi et c'est ce à quoi je vais m'employer dans ce livre.

Le guide du crawl moderne est destiné à tous ceux qui veulent améliorer leur technique. Il va bien au-delà de la simple description du geste, ce que j'ai pu trouver dans tous les livres que j'ai lus sur le sujet. Il vous guidera autant par la description de la technique que par les sensations à rechercher, les erreurs à éviter et les défauts à corriger, l'analyse détaillée des différents styles de crawl. De plus, il est agrémenté d'un très grand nombre d'illustrations afin de faciliter la compréhension du pourquoi et du comment de chaque aspect du crawl.

Ce livre n'aborde pas volontairement les aspects physiologiques de la natation (type et intensité des entraînements, nutrition, etc.). Il existe une quantité d'ouvrages et de ressources sur Internet qui proposent des plans d'entraînement et il me semble inutile de répéter ce que l'on peut trouver ailleurs. Au-delà d'un certain niveau, un véritable entraînement doit être conçu de manière spécifique et individuelle et pour cela, l'entraînement en club sous la supervision d'un entraîneur est incontournable.

Les chapitres 1 et 3 s'adressent avant tout aux nageurs moyens ou grands débutants. Le reste de l'ouvrage pourra intéresser les nageurs de tous niveaux.

UN MOT SUR MON PARCOURS

J'ai pratiqué la natation et le triathlon pendant de très nombreuses années à un niveau amateur, et j'ai eu la chance d'être très à l'aise en natation. Quand on m'a demandé d'expliquer ce qu'il fallait faire pour bien nager le crawl, en se plaignant qu'aucun ouvrage francophone ne réponde sérieusement et complètement à la question, j'ai décidé de relever le défi.

J'ai passé plusieurs années à lire les ouvrages de référence sur le sujet, à décortiquer des vidéos, à échanger avec d'autres nageurs, des entraîneurs et à pratiquer cette nage en cherchant à en analyser les moindres détails. J'ai ensuite créé mon blog et le retour de mes premiers lecteurs dont certains étaient des entraîneurs m'a conforté dans l'idée que mes explications étaient utiles. Mes conseils permettaient à de nombreux nageurs d'améliorer leur crawl et de prendre plus de plaisir à nager.

Cette démarche m'a permis d'ailleurs de réaliser que moi-même j'effectuais certains points techniques plus ou moins bien sans jamais en avoir eu conscience auparavant en dépit de tant d'années de pratique. Elle m'a aussi permis de découvrir d'autres formes de crawl que l'on ne m'avait jamais enseignées en club.

Souvent je me remémore, sans grande nostalgie je dois bien l'avouer, les longueurs que je devais aligner à l'âge de six ou sept ans, enserré dans des boudins en liège, tentant désespérément de m'accrocher à la perche du maître-nageur au petit matin, dans l'eau froide durant mes vacances d'été. Jamais je n'aurais imaginé que le crawl puisse devenir un jour pour moi une telle source de plaisir et de satisfaction.

Je souhaite à tous les lecteurs de connaître ce même sentiment de plénitude, le plus tôt et le plus longtemps possible.

INTRODUCTION

Vouloir bien nager le crawl constitue un vrai défi ! Cela demande beaucoup de travail et d'abnégation car le crawl demande une combinaison de gestes techniquement complexes dans un milieu où nous sommes privés de nos repères terrestres.

Au fil des années, le crawl est devenu en compétition une nage très élaborée au point que le crawl moderne ne désigne pas une seule manière de nager mais plusieurs styles de crawl.

L'objet de ce guide est à la fois d'expliquer les fondamentaux du crawl, mais surtout d'aller au-delà en envisageant le perfectionnement de la nage par la compréhension et la maîtrise de ces différents styles.

Il est fondamental pour progresser - surtout si vous êtes autodidacte ou quasiment - de vous permettre de comprendre ce que vous devez réaliser et pourquoi. Sans cette compréhension, vos progrès seront plus lents voire même inexistants.

Je ne pense pas, comme on l'entend souvent, que pour bien nager - et en particulier le crawl -, il faut avoir maîtrisé la nage très jeune (Fabien Gilot a commencé sérieusement la natation à seulement 16 ans). Mon ambition avec ce guide est de vous offrir une synthèse des connaissances actuelles sur le crawl moderne, sous une forme simple, synthétique et pédagogique.

Ce livre sans équivalent va sans doute profondément changer votre vision du crawl. Il va vous ouvrir de nouveaux horizons et de nouvelles sensations. Une fois ce livre refermé, il y a fort à parier que vous ne nagerez plus jamais comme avant et vous ne regarderez plus jamais un championnat du monde de natation comme avant. J'aurai alors atteint mon but.

Une des beautés du crawl est d'offrir un champ très vaste de progrès possibles pour accroître le plaisir de nager et ce, jusqu'à un âge avancé, la natation étant comme chacun sait, une source intarissable de longévité.

Bonne nage !

CHAPITRE 1

CRAWLER JUSTE

Comment définir le crawl ? Voici une définition qui me semble être bien adaptée au débutant car elle reprend les caractéristiques fondamentales de cette nage.

Le crawl est une nage horizontale et ventrale qui consiste à alterner une position confortable horizontale sur le côté, avec une position confortable horizontale sur l'autre côté.

Cette définition a l'avantage d'être pédagogique avant tout. En effet, lorsqu'on observe un crawleur débutant, ce qui frappe en général c'est l'inconfort du nageur : il frétille comme un gardon, s'agite sans pouvoir poser sa nage, sans justement pouvoir trouver une position confortable horizontalement sur l'eau. Il semble être en constant déséquilibre, se lançant d'un côté pour contrebalancer un déséquilibre de l'autre côté, les jambes battant parfois frénétiquement sans réel objet ou réelle efficacité. C'est comme lorsqu'un enfant apprend à marcher : l'enchaînement des pas semble n'être qu'une succession de chutes à peine évitées.

Au contraire, le bon crawleur sait poser sa nage : son corps reste bien à l'horizontale ; il est stable, tel un navire qui flotte au fil de l'eau. Le corps reste sur son axe horizontal et chaque mouvement produit un effet propulsif et rien de plus, sans déperdition d'énergie, ni panique.

En cela, la définition que je viens de donner correspond bien au but premier du crawleur : pouvoir évoluer sur l'eau, de manière horizontale et surtout sans tension, ni inconfort. Réussir cela, c'est déjà maîtriser la plus grande partie du crawl. La puissance viendra ensuite, une fois le confort et l'horizontalité bien maîtrisés.

Nous verrons également dans cet ouvrage comment le crawl revêt d'autres caractéristiques importantes qui le différencient du papillon et de la brasse notamment (le dos crawlé, lui, étant en quelque sorte un crawl retourné). Ces caractéristiques, qui rendent le crawl si efficace par rapport aux trois autres nages, sont doubles. Elles découlent du fait que :

1• le retour du bras est aérien,

2• le nageur peut rester quasiment constamment en traction sur l'eau avec ses bras, sans temps mort.

Nous verrons qu'une bonne technique en crawl permet de tirer avantage de ces deux caractéristiques alors qu'une mauvaise technique peut, elle, justement empêcher le nageur d'en bénéficier.

1• L'HORIZONTALITÉ

Le crawl est une nage pour laquelle l'horizontalité est absolument primordiale. C'est la première clé de l'apprentissage du crawl : il faut arriver à garder un bon équilibre horizontal dans l'eau.

Tant que cet aspect n'est pas maîtrisé, ce n'est pas la peine d'essayer d'aller plus loin. En effet, le simple fait d'avoir le corps dans une position qui dérive de l'axe horizontal, va créer des forces de frottement qui vont freiner le nageur (voir illustration ci-contre). Ces forces augmentant proportionnellement au carré de la vitesse (si je double ma vitesse, ces forces sont multipliées par 4 !), on comprend donc combien il est inutile de vouloir nager le crawl tant que cette horizontalité n'est pas maîtrisée. C'est d'ailleurs le premier obstacle que rencontrent les crawleurs débutants : réussir à rester horizontal sur l'eau en flottant de manière dynamique.

L'horizontalité ventrale peut sembler une chose facile et simple à maîtriser. En réalité, pour la quasi-totalité des gens, elle ne l'est pas du tout, contrairement à l'horizontalité dorsale qui, elle, est beaucoup plus aisée.

L'horizontalité ventrale pose des problèmes anatomiques au corps humain, surtout dans le mouvement du crawl, car cette position n'est absolument pas naturelle. Pour s'en convaincre, faites le test suivant :

Moins le nageur est horizontal sur l'eau, plus la surface de frottements est grande. Sur l'illustration, le bassin du nageur et ses jambes sont très largement au-dessous de la surface de l'eau. Cet enfoncement crée un véritable phénomène d'ancre qui freine énormément le nageur.

EXERCICE

• Mettez-vous debout, bien droit, placez les deux bras bien droits au-dessus de la tête et cherchez avec votre regard à observer le plafond. Que ressentez-vous ? Si, comme le commun des mortels vous avez perdu la souplesse de votre enfance, vous devriez sentir des tensions dans la nuque, le bas du dos et votre bassin basculer vers l'avant.

Il se passe exactement la même chose dans l'eau. La position horizontale bras tendus avec le regard droit devant soi va naturellement conduire le nageur à ressentir les mêmes tensions dans l'eau. Il aura tendance à avoir les jambes qui plongent (du fait du bassin qui bascule vers l'avant en raison du manque de souplesse). Heureusement, il existe des moyens d'éviter cet inconfort et de pouvoir nager longtemps et confortablement. Pour cela, il faut connaître quelques astuces propres au crawl qui vont permettre aux nageurs de maîtriser cette horizontalité.

Ces astuces sont principalement **le roulis** et **le bon placement des bras**.

La maîtrise du roulis

Ce que l'on appelle le roulis, c'est lorsque le nageur amène à tour de rôle ses épaules au-dessus de la surface de l'eau en pivotant sur lui-même. Comme nous le verrons dans ce livre, le fait de ne pas rester à plat ventre sur l'eau mais au contraire d'osciller d'un côté puis de l'autre, va permettre de considérablement limiter les inconforts de la position horizontale que je viens de décrire.

Au moment de la prise d'appui du bras sur l'eau, on voit que les épaules ne sont pas placées sur un plan horizontal. L'épaule gauche est plus enfoncée dans l'eau que l'épaule droite qui est même quasiment hors de l'eau. Le bassin aussi se penche du côté gauche.

Au moment de l'allonge du bras devant, on voit que les épaules du nageur ne sont pas placées sur un plan horizontal. Au contraire, son épaule gauche est plus enfoncée dans l'eau que son épaule droite.

Le placement des bras

Une des difficultés de l'équilibre horizontal, en plus de l'inconfort qu'il suscite du fait d'un défaut de souplesse, provient d'un déséquilibre fondamental.

En effet, lorsqu'un nageur s'allonge sur l'eau pour tenter de flotter, il va chercher à joindre deux forces inconciliables : d'une part, la force de gravité qui l'entraîne vers le fond et la poussée d'Archimède qui, elle, le pousse vers la surface. Idéalement, pour que le nageur puisse flotter horizontalement sans effort, il faudrait que la force de gravité s'applique au même point que la poussée d'Archimède. Or, la force de gravité s'applique au centre de gravité du nageur alors que la poussée d'Archimède s'applique, elle, au centre de carène du nageur (ou centre de flottabilité appelé aussi centre de gravité du corps immergé).

Malheureusement pour nous, êtres humains, ces deux points ne coïncident pas sur le corps. La force de gravité s'applique au niveau du pubis, tandis que la poussée d'Archimède s'applique plutôt près du sternum. Plus on est en mesure de rapprocher son centre de gravité de son centre de flottabilité et plus il devient aisé de flotter. C'est la raison pour laquelle il est beaucoup plus facile de faire la planche avec les bras étendus largement derrière les épaules qu'avec les bras le long du corps. En effet, en éloignant les bras de son centre de gravité, on le rapproche du centre de carène. On flotte donc mieux. Il est important de comprendre qu'en crawl, **les bras sont à peu près les seules parties du corps que le nageur peut placer de manière optimale** pour justement mieux flotter. Aussi, est-il important de maîtriser ce placement comme nous allons le voir un peu plus loin.

EXERCICE

Pour prendre conscience du rôle des bras dans l'horizontalité, vous pouvez faire le petit exercice suivant :

- Allongez-vous sur le dos dans l'eau les bras en croix, avec un très léger battement de jambes : vous allez constater que votre ventre s'enfonce un peu dans l'eau par rapport à vos épaules et votre tête.
- Ensuite déplacez vos bras pour qu'ils soient tendus derrière votre tête dans l'axe de l'épaule (ou environ) (comme si vous vouliez former la lettre « Y » avec votre corps ; vous allez constater que plus vos bras sont placés derrière votre tête, plus votre ventre va remonter près de la surface.
- Enfin, quand vos bras sont bien étirés derrière votre tête, enfoncez vos mains dans l'eau en appuyant vos bras et vos épaules vers le fond du bassin ; vous constaterez alors que votre ventre et votre bassin vont venir effleurer la surface et qu'ils seront quasiment plus hauts que vos épaules.

Ainsi, en jouant sur le déplacement de votre centre de flottabilité par rapport à votre centre de gravité, vous augmentez plus ou moins votre horizontalité. Gardez bien cela en mémoire car vous en aurez besoin pour comprendre la suite du livre et la mise en pratique de certains conseils.

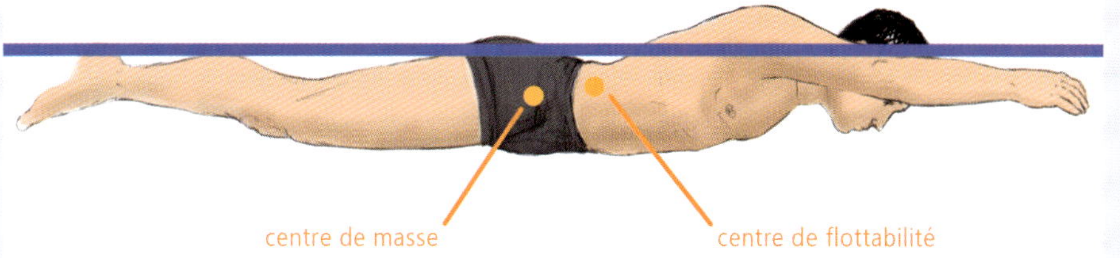

La poussée d'Archimède s'applique au centre de flottabilité (appelé en anglais *center of buoyancy*). Le poids s'applique au centre de gravité (appelé en anglais *center of mass*). Ces deux forces ne s'appliquent pas au même endroit : en conséquence, le nageur en position statique se redresse verticalement jusqu'à ce qu'il trouve sa position d'équilibre qui correspond à une position où le centre de flottabilité et le centre gravité sont sur le même axe vertical. Le fait d'allonger les bras devant la tête rapproche les points d'application de ces deux forces.

Pourquoi la maîtrise de l'horizontalité est-elle plus difficile en crawl que dans les autres nages ?

Il est beaucoup plus difficile d'être horizontal en crawl que dans les trois autres nages pour plusieurs raisons.

Tout d'abord, le crawleur manque totalement de **repères visuels**. En dos crawlé, on peut voir relativement aisément son ventre et ses pieds et estimer leur position par rapport à la surface de l'eau. Ce n'est pas le cas en crawl. En crawl, le nageur ne voit pas son corps (à l'exception de ses bras et ses mains). Il manque donc totalement de repères visuels pour vérifier que son corps est bien parallèle à la surface. En papillon et en brasse, le nageur possède des repères visuels. Le crawleur, lui, en est réduit à essayer de sentir si ses pieds touchent la surface lors des battements par exemple. Pour le reste, il n'a aucun moyen objectif de s'assurer de sa position dans l'eau. Il faut qu'il arrive à se créer des sensations (donc par définition subjectives) pour appréhender sa position sur l'eau : *Suis-je bien horizontal sur l'eau ? Est-ce que mon bassin s'enfonce ? Mes jambes* *plongent-elles ?* C'est d'ailleurs la raison pour laquelle on est parfois très surpris et décontenancé lorsqu'on se voit nager en vidéo. Alors qu'on avait la sensation d'effectuer un mouvement d'une certaine manière, on s'aperçoit que le geste ne correspond pas du tout à notre perception. C'est l'une des grandes difficultés en crawl, plus que dans toute autre nage.

D'autre part, le crawleur a très souvent tendance à étendre son bras plutôt vers la surface devant lui. C'est un geste presque réflexe, sans doute dicté par la recherche d'amplitude et aussi par toutes les images (photos ou vidéos de bons nageurs) que notre mémoire emmagasine. Or, cette extension entraîne naturellement une prise d'angle entre le tronc et la surface, car pour pouvoir étendre ce bras devant soi ainsi, et éviter cet affaissement, il faut beaucoup de souplesse ce que peu de nageurs possèdent (surtout à partir d'un certain âge).

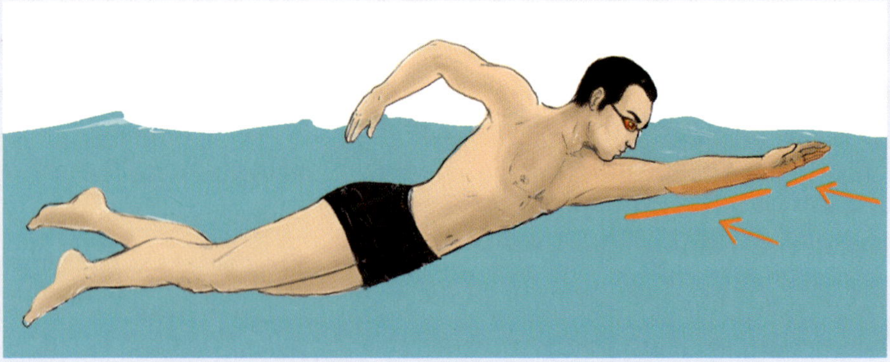

Le nageur étend son bras vers la surface avec le coude légèrement vers le bas ; cela crée une zone de frottement de la main et de l'avant-bras qui nuit à la vitesse.
Ce mouvement presque instinctif s'explique peut-être chez le nageur débutant par le fait qu'il veuille placer sa tête près de la surface pour inspirer (il cherche à se tendre vers la surface). Chez le nageur moyen, ce mouvement s'explique peut-être par une recherche d'hydrodynamisme. Dans les deux cas, ce geste n'est pas approprié.

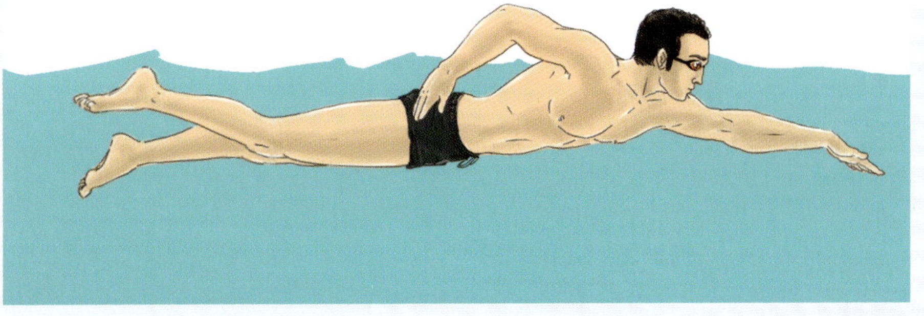

Au contraire, le nageur qui étend l'avant-bras légèrement vers le fond aura un meilleur hydrodynamisme.

Pour s'en convaincre, il suffit de reprendre la position décrite précédemment : tenez-vous debout sur vos deux pieds, relevez la tête légèrement vers le plafond et étendez vos bras au-dessus de la tête. Le résultat est immédiat : on sent une tension dans les épaules, le dos et le bassin s'avance. C'est exactement ce qui se passe quand on nage le crawl. Il faut donc apprendre à contourner ce phénomène par un positionnement un peu différent : **soit étendre les bras légèrement vers le fond, soit utiliser le roulis pour ne pas se retrouver en totale extension ventrale sur l'eau mais légèrement sur le côté, soit les deux en même temps**.

Tout ceci sera développé plus en détails dans cet ouvrage. À force de pratique et d'effort, le nageur aura de plus en plus de facilité à rapprocher ses bras de la surface devant lui sans pour autant abaisser son bassin.

EXERCICE POUR APPRENDRE OU SE RÉHABITUER À L'HORIZONTALITÉ

• Dans l'eau, allongez-vous sur le flanc droit avec le bras du dessous droit devant vous, l'épaule près du visage, le bras du dessus replié le long du corps et avancez lentement en battement de pieds léger. Pour respirer, tournez juste la tête. Au besoin, mettez des petites palmes si le battement n'est pas assez puissant. Changez de côté quand vous le souhaitez, au milieu de la longueur ou avant si vous êtes fatigué.

On peut recommander cet exercice à tous les nageurs peu expérimentés en début de séance pour « inscrire » ou « réimprimer » cette l'horizontalité dans leurs automatismes.

Si vous avez l'impression d'avoir les jambes qui coulent, placez votre bras du dessous non pas à l'horizontale devant vous, mais pointez un peu vers le fond du bassin. Pensez à regarder le fond du bassin pour que votre tête ne soit pas relevée. Vous verrez, plus vous inclinerez votre bras vers le fond, plus vos jambes et votre bassin auront tendance à remonter. Pensez à garder votre ventre rigide. Il est toujours très important en natation de garder la ceinture abdominale dynamique et compacte pour qu'il n'y ait pas de déperdition de forces. On n'imagine pas un navire constitué d'une coque molle en son milieu. Une coque de bateau est toujours extrêmement rigide, sur toute sa longueur. C'est une qualité fondamentale pour percer l'eau. C'est la même chose pour le nageur. En natation, on parle de **gainage** pour désigner cette compacité et rigidité de la ceinture abdominale.

Si vos jambes coulent, vous pouvez également tenter de corriger cela en cherchant à appliquer plus de force sur votre tronc. En effet, comme le centre de gravité du nageur se situe au niveau de son bassin, si le nageur appuie avec sa cage thoracique vers le fond (s'il essaie de s'enfoncer dans l'eau), ses jambes vont naturellement remonter vers la surface. Pour cela, il faut, à chaque mouvement de bras, penser à appuyer le flanc (les côtes) vers le fond du bassin en faisant en sorte que cette partie (le flanc) soit toujours plus basse que le bassin. En anglais, on emploie l'expression « *Press the lungs* » (enfoncer les poumons) pour désigner cela. Quand ce mouvement est bien exécuté, le bassin du nageur est alors toujours situé plus haut que son sternum, un peu comme si le nageur nageait sur un plan descendant ; on utilise d'ailleurs à ce sujet en anglais l'expression « *to swim downhill* » (nager en descente).

Il faut que la position horizontale soit confortable : il serait inutile et surtout fatigant de chercher à tenir une position horizontale si elle n'est pas confortable. À chacun de trouver cette horizontalité, compte tenu de ses caractéristiques morphologiques ; elle ne doit pas réclamer beaucoup d'effort pour être tenue, voire pas d'effort du tout pour les bons nageurs.

QUELQUES TRUCS ET ASTUCES

- Le fait de se mettre un peu sur le côté, grâce au roulis, peut faciliter l'équilibre horizontal.
- Un autre truc consiste à ne pas étendre le bras du dessous à l'horizontale devant soi, mais plutôt de le faire pointer un peu vers le fond du bassin (le bras forme un angle avec la surface de l'eau). Cette prise d'angle a pour effet de faire remonter naturellement les jambes (voir illustration ci-dessous ; voir également les vidéos du site www.totalimmersion.net qui insiste sur cette manière d'apprendre le crawl).

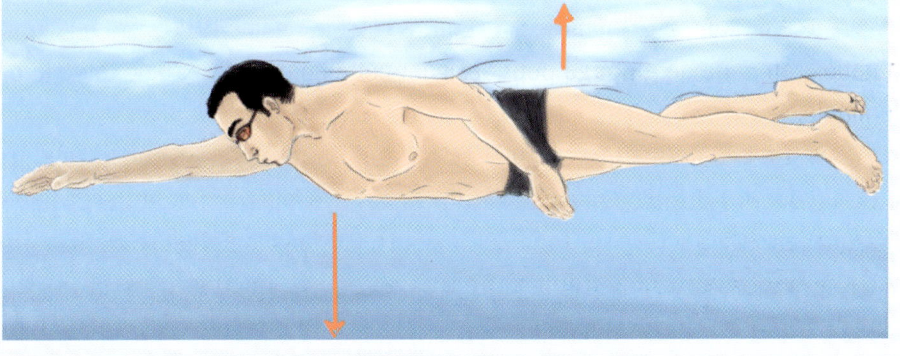

- La position de la tête est importante aussi. Elle doit se trouver dans le prolongement de la colonne vertébrale, dans le même axe. La nuque ne doit pas être redressée, le regard du nageur doit être dirigé plutôt vers le fond du bassin.
- Si vous n'y arrivez pas du tout, essayez l'exercice conseillé précédemment (page 33) avec des palmes (petites de préférence). Les palmes vous aideront à avancer avec le battement de pieds, tout en faisant mieux flotter vos jambes. Cela peut vous permettre une première prise de conscience de la position horizontale correcte en crawl.

2• LA FLOTTABILITÉ

La flottabilité va de pair avec l'horizontalité. Ne pas pouvoir atteindre l'horizontalité en prétextant un manque de flottabilité est un argument trop facile. Ce qui compte avant tout, c'est l'équilibre dans l'eau. Il s'agit d'un équilibre dynamique plutôt que statique puisque le nageur n'a pas pour vocation à faire du surplace. Cette dynamique est importante car elle va permettre même à ceux qui ont une faible flottabilité naturelle d'acquérir une bonne horizontalité.

En position statique allongée, les jambes entraînent le corps vers le fond qui va alors se redresser pour se mettre en position verticale ; cette position correspond au point d'équilibre statique : le centre de gravité du nageur (là où s'applique la force de la pesanteur c'est-à-dire le poids) est sur le même plan vertical que le centre de flottabilité du nageur (là où s'applique la poussée d'Archimède).

En position dynamique, le nageur va pouvoir nager en restant à l'horizontale bien que le centre de gravité et le centre de flottabilité ne soient pas alignés verticalement. C'est le miracle de la vitesse ! C'est un peu comme pour le cycliste dont le vélo ne tombe pas une fois lancé.

QUELQUES TRUCS ET ASTUCES

- Le rôle de la tête et du bras lorsqu'il se trouve devant la tête est primordial. Il faut penser à garder la tête la plus horizontale possible (en regardant dans la direction du fond du bassin). Au fur et à mesure de vos progrès, quand vous réussirez à maintenir votre bassin et vos jambes près de la surface, votre regard pourra se diriger davantage devant vous, la tête légèrement redressée. Certains nageurs possèdent une très bonne flottabilité naturelle du fait de la densité de leurs jambes ou du fait du port d'une combinaison. Pour eux, relever un peu la tête pourra les aider à mieux garder leurs pieds sous la surface lorsqu'ils battent des jambes.

- Pensez à prendre un peu d'angle avec le bras avant en ne l'enfonçant pas dans l'eau à l'horizontale mais en le faisant pointer un peu vers le fond.
- Pensez à garder vos bras plus longtemps devant votre tête (lire page 77).
- **Penser à se grandir et se tendre dans l'eau**. Visualiser l'un de ces voiliers de la Coupe de l'America ; long, effilé, sa fine étrave pénètre parfaitement l'eau. Cette visualisation aura de l'importance pour le roulis également.

3• L'HYDRODYNAMISME ET LA RESPIRATION

La troisième composante du crawl (après l'horizontalité et la flottabilité) est l'hydrodynamisme qui est surtout crucial lors de la phase d'inspiration (moment où le nageur perd le plus en hydrodynamisme).

L'eau est près de mille fois plus dense que l'air (plus précisément 816 fois). Afin d'avancer avec le moins d'effort possible, le nageur doit réduire au maximum les forces de frottement dans l'eau. Du fait de l'extrême densité de l'eau, un gain de 30 % de puissance ne fait gagner que 10 % de vitesse. Il est donc extrêmement payant pour le nageur d'avoir la position la plus hydrodynamique possible. Son corps doit offrir le moins de résistance frontale possible à l'eau. Pour cela :

- Il faut privilégier une position avec le bassin et les jambes bien dans l'axe horizontal du tronc et de la tête.
- La surface frontale doit être réduite : cette surface correspond principalement à la tête, aux épaules et au bras propulseur c'est-à-dire le bras sous-marin (dans la mesure où le nageur place son bassin et ses jambes horizontalement dans l'axe du tronc). Il faut donc penser à être étroit face à l'eau, ce qui demande beaucoup de souplesse des épaules. S'agissant du bras propulseur, il faut bien avoir à l'esprit qu'il peut beaucoup freiner le nageur si le timing de la nage et la position du bras ne sont pas bons. Pour vous en convaincre, il suffit de placer son bras à la perpendiculaire de l'eau lorsqu'on fait des battements de jambe par exemple. La surface du bras qui s'oppose à l'eau, va vous freiner énormément. Garder trop longtemps le bras sous-marin sans mouvement

offre une grande résistance à l'eau et va donc freiner le nageur. C'est la raison pour laquelle l'accélération du bras sous l'eau de même que le fait de plier le coude assez tôt vont grandement réduire cet effet ralentisseur (le trajet du bras sous-marin sera traité en détail un peu plus loin dans ce livre).

• Il faut adopter la position la plus allongée et tendue possible sur l'eau. Une forme longue et fine a une meilleure pénétration dans l'eau qu'une forme trapue et ronde. Ce n'est pas pour rien que le profil des bateaux les plus rapides est effilé. Essayez de vous rapprocher plutôt d'un bateau style Class America que d'un ferry. Pour cela, il ne faut pas hésiter à se grandir dans l'eau en recherchant l'extension horizontale du corps entier. De plus, cette recherche d'extension va contribuer à rendre la partie médiane du nageur (l'abdomen et le bassin) plus rigide et mieux gainée, ce qui est bénéfique pour l'hydrodynamisme et la vitesse de nage.

Le bon moment pour respirer

La respiration doit s'intégrer dans cette recherche d'hydrodynamisme. Pour cela, la phase d'inspiration doit être en phase avec le roulis des épaules et du haut du corps. **La tête n'a pas à se relever pour respirer** : c'est fondamental !

CES CHAMPIONS QUI SORTENT LA TÊTE POUR RESPIRER

Certains lecteurs pourront objecter que d'excellents nageurs donnent l'impression de sortir la tête de l'eau pour respirer. L'exemple le plus connu est celui de la championne américaine Janet Evans mais elle n'est pas la seule. On observe cela chez beaucoup des champions actuels. L'explication de ce mouvement est lié au fait que ces nageurs cherchent à avoir fini d'inspirer le plus tôt possible pour être en meilleure position hydrodynamique au moment où il ramène leur bras sous l'eau vers l'arrière. Pour le nageur en apprentissage ou même en perfectionnement, il est largement préférable de bien s'appliquer à ne pas sortir la tête. Ensuite, lorsqu'il voudra nager vite, rien ne l'empêchera d'avancer le timing de son inspiration comme le font les champions, si bien sûr, il ne se désunit pas pour autant. Je reviendrai sur cet aspect à la page 105.

En effet, le nageur effectuant un roulis des épaules (il amène à tour de rôle ses épaules au-dessus de la surface de l'eau en pivotant sur lui-même), il lui suffit d'accompagner le roulis de sa tête lorsqu'il veut respirer. Cela permet à la tête de rester près des épaules même durant l'inspiration et donc d'éviter une perte trop importante d'hydrodynamisme, car relever la tête a souvent pour effet de faire s'abaisser le bassin et les jambes dans l'eau. Il faut donc veiller à ne pas désolidariser la tête des épaules lorsqu'on désire respirer, le visage venant tout simplement regarder dans la ligne de l'épaule. Un truc bien connu consiste à s'efforcer de garder un œil sous l'eau au moment de l'inspiration afin de se forcer à ne pas lever la tête. Cette position de la tête peut sembler basse sur l'eau mais elle permet tout à fait de bien respirer dans le creux de la vague formée par le nageur.

Une fois que l'on maîtrise cette inspiration en utilisant le roulis des épaules, on peut vouloir chercher à inspirer le plus rapidement possible, juste au moment où le bras avant s'allonge sur l'eau et avant qu'il ne commence vraiment à appuyer sur l'eau. Cela permet de bénéficier de la poussée tandis que la partie supérieure de l'épaule offre peu de résistance à l'eau.

Il faut expirer dans la mesure du possible tout le temps de l'immersion de la tête afin de pouvoir remplir ses poumons au maximum lors de l'inspiration. La nature a horreur du vide : si vos poumons sont vides, ils se rempliront quoiqu'il arrive.

QUELQUES TRUCS ET ASTUCES

• **Penser à bien s'allonger sur l'eau.** Pour cela, nager avec un certain décalage dans le timing des bras peut être intéressant : on parle de crawl en semi-rattrapé. Dans ce type de nage, alors que le bras avant est allongé devant, l'autre bras est encore lui aussi devant la tête ; cela a pour effet d'augmenter la durée pendant laquelle le nageur est totalement allongé sur l'eau. Le fait de garder les bras longtemps devant va aider le nageur à maintenir une bonne horizontalité, selon le même principe qui fait que quand on désire faire la planche sur le dos, il est plus aisé de le faire avec les bras étendus en arrière de la tête.

• **Penser à coller son épaule au bord du menton lorsque le bras est tendu devant.** Le fait de bien utiliser la souplesse de l'articulation de l'épaule pour amener l'épaule au-dessous de son menton permet de réduire très sensiblement la surface frontale d'avancement du nageur. Il faut chercher à fermer au maximum l'espace entre l'épaule et le visage.

• **Se forcer à inspirer un tout petit peu plus tard que le moment dicté par votre instinct.** Naturellement le nageur cherche à inspirer relativement rapidement une fois que la main avant entame sa poussée dans l'eau. Or, à ce moment, l'épaule n'est pas encore en phase haute dans le roulis ; le nageur doit donc légèrement dégager sa tête. Le fait de s'appliquer à attendre quelques dixièmes de secondes pour chercher l'inspiration permet de bénéficier au maximum du roulis et de la vague générée par le nageur. Pensez à garder la tête le plus possible collée à l'épaule sous-marine durant cette phase.

Un bon truc est d'imaginer que l'on a un ballon flottant devant la tête et que l'on veut le pousser de manière continue et le plus horizontalement possible. Cela va obliger le nageur à garder la tête bien dans l'axe du corps et éviter de la relever.

• **Caler la fin de l'inspiration avec le retour de l'épaule.** Afin de rester le plus hydrodynamique possible, le meilleur moment pour finir l'inspiration correspond au moment où l'épaule revient de l'avant vers l'arrière ; ainsi naturellement la tête reste parfaitement solidaire des épaules à cet instant.

Optimiser sa respiration

• Pour **l'inspiration** en crawl, il n'existe pas une multitude de possibilités : il faut inspirer vite et fort au moment où la bouche et le nez sont en contact avec l'air. Mais pour inspirer le maximum d'oxygène, encore faut-il avoir préalablement bien vidé ses poumons de l'air vicié.

• Pour bien **expirer** en crawl (et accessoirement en papillon et en brasse), il est conseillé de procéder en deux temps.

Il faut d'abord expirer légèrement tout au long de la phase sous-marine puis expirer fortement juste avant de reprendre sa respiration. Cette seconde phase d'expiration permet de bien vider ses poumons du résidu d'air vicié (appelé « volume de réserve expiratoire »).

Il faut savoir que le volume utilisé par nos poumons au repos est de l'ordre d'un demi-litre ; ce volume passe à cinq litres en cas d'expulsion d'air forcé. Ce chiffre est purement indicatif. Les sportifs ont en général une capacité pulmonaire supérieure à la moyenne. Quant aux champions, elle peut atteindre des volumes au-delà de dix litres (et bien plus pour les apnéistes).

Un facteur important s'appelle le VEMS (Volume Expiré Maximum première Seconde) appelé aussi la capacité pulmonaire utilisable à l'effort. C'est le volume maximum que l'on peut expirer très rapidement durant la première seconde ; il doit représenter 70 à 80 % de la capacité vitale (c'est-à-dire le volume d'air que l'on peut expirer, étant précisé qu'il y a toujours un volume d'air résiduel dans les poumons ; les poumons ne sont jamais complètement vides). Ainsi, grâce à une expiration forte et instantanée juste avant l'inspiration, le nageur bien entraîné peut expulser une grande quantité d'air vicié (bien supérieure à ce qu'il expire lorsqu'il se contente de souffler doucement sous l'eau).

Il est donc important de travailler cette capacité d'expiration rapide et forcée.

L'intérêt d'expirer en deux phases (doucement puis forcée juste avant l'inspiration), permet de toujours avoir de l'air dans ses poumons durant la nage.

Pour ceux qui s'intéressent au yoga, sachez que cette discipline propose d'excellents exercices de travail sur la respiration.

Le rythme de respiration

Le rythme de respiration est à la discrétion du nageur. On rencontre généralement trois rythmes de respiration.

- La respiration en **2 temps**. Dans ce cas, le nageur inspire tous les deux mouvements de bras donc une fois par cycle de bras. Par exemple, le nageur inspire du côté droit à chaque fois que son épaule droite sort de l'eau.
- La respiration en **3 temps**. Dans ce cas, le nageur inspire tous les trois mouvements de bras. Il alterne donc une inspiration à droite puis une inspiration à gauche, à chaque cycle et demi de bras.
- La respiration en **4 temps**. Dans ce cas, le nageur inspire tous les deux cycles de bras, soit tous les quatre mouvements de bras. Comme pour la respiration en deux temps, le nageur va donc inspirer toujours du même côté.

Il n'y a pas de règle absolue en matière de rythme de respiration. On conseille au nageur débutant de nager en respiration en trois temps pour conserver une bonne symétrie. Il est vrai qu'inspirer toujours du même côté (soit en deux temps, soit en quatre temps) conduit souvent le nageur à avoir une nage plus ou moins asymétrique et le bras opposé au côté où il inspire, moins efficace que l'autre.

La phase d'inspiration a tendance à briser l'hydrodynamisme du nageur. Une respiration en quatre temps altère donc moins l'hydrodynamisme qu'une respiration en deux temps mais cette dernière a l'avantage d'apporter un maximum d'oxygène au nageur. Le rythme de respiration est donc avant tout une affaire de compromis, de confort et d'habitude.

Chez les meilleurs nageurs, certains en viennent même à respirer à un temps sur certains segments d'une course (par exemple, après le virage) ; d'autres argumentent qu'ils gagnent en amplitude en respirant en deux temps, allant à l'encontre de l'idée selon laquelle la phase d'inspiration conduit à une perte d'hydrodynamisme. On voit donc que le sujet est assez complexe et que chacun doit trouver la combinaison optimale.

Enfin on peut aussi adapter à tout moment sa respiration au fil d'une course, surtout en eau vive. Dans les moments plus intenses, on optera pour une respiration en deux temps et dans les moments plus tranquilles, pour une respiration en trois ou quatre temps. On pourra aussi changer le côté de l'inspiration suivant les conditions du plan d'eau : soleil dans les yeux, vagues, recherche de points de repère visuels. Le nageur d'eau libre aura donc tout intérêt à maîtriser les différents rythmes de respiration et des deux côtés afin d'être polyvalent.

4• LA RIGIDITÉ (OU GAINAGE) DU CORPS

La quatrième composante d'un bon crawl après l'horizontalité, la flottabilité et l'hydrodynamisme c'est la rigidité et la tonicité du corps. Imaginez un bateau désarticulé composé de multiples parties distinctes simplement reliées entre elles par un fil. En mouvement, ce bateau passerait son temps à partir dans tous les sens soumis aux différentes forces qu'il rencontrerait. C'est exactement la même chose pour le nageur et ce d'autant plus que le nageur subit des forces produites par les jambes et les bras.

Afin de limiter la déperdition d'énergie, le corps doit être tonique et rigide. C'est particulièrement important en ce qui concerne le centre du corps, « *the core* » comme le nomment les Américains. Ce centre représente un pilier grâce auquel les membres supérieurs et inférieurs peuvent communiquer via les chaînes musculaires. Plus ce pilier est stable et rigide, plus les bras et les jambes (les deux éléments propulseurs du nageur) pourront produire des mouvements efficaces, précis, rapides, puissants et surtout économiques. On a longtemps considéré que le centre comprenait la zone abdominale et le bassin. Aujourd'hui on considère que le centre est la zone comprise entre les hanches et les épaules. Avoir un centre tonique – on dit gainé – va de pair avec une bonne allonge. Cette tonicité va s'avérer d'une grande importance dans la phase de propulsion.

QUELQUES TRUCS ET ASTUCES

- Bien penser à se grandir dans l'eau.
- Penser de temps en temps à forcer la contraction des abdominaux pour bien saisir l'effet de cette contraction sur la rigidité du corps (c'est un éducatif : il ne s'agit pas de nager en temps normal avec les abdominaux trop contractés).
- Si vous aimez nager avec un pull-buoy, placez-le plutôt entre les chevilles (et non entre les cuisses comme on le voit souvent) ; cela vous obligera à garder la partie abdominale bien tonique.

Je vous renvoie pour plus de détails à la FAQ située à la page 87, question intitulée « Qu'est-ce que le gainage ? ».

5• LE ROULIS DU NAGEUR DÉBUTANT

Le roulis est l'une des clés du crawl. Quand on parle d'horizontalité, on évoque le fait d'adopter une position horizontale **sur le côté** (et non à plat ventre). Pour cela, le corps doit effectuer un roulis, c'est le mouvement qui consiste à faire basculer le corps d'un côté puis de l'autre, un peu comme si le nageur était sur un tourne-broche.

Pour un débutant, il est important de maîtriser ce roulis pour plusieurs raisons.

- Le roulis permet de mieux maîtriser la position horizontale : il est plus facile de flotter horizontalement en se positionnant légèrement sur le côté que sur le ventre. La position allongée sur le ventre, bras étendus devant soi génère des tensions dans le dos surtout lorsque le nageur n'est pas bien entraîné ou est âgé. Tenir une position horizontale légèrement sur le côté est par conséquent beaucoup plus aisé et confortable qu'en pure position ventrale.
- Le roulis permet d'augmenter son allonge. En faisant pivoter le corps, on peut aller chercher plus loin avec l'épaule et la main devant soi que si l'on nage le ventre et les épaules à plat. Si vous voulez vous en convaincre, allongez-vous sur le sol à plat ventre,

les bras tendus devant vous puis roulez sur le côté toujours avec un bras allongé (celui collé au sol) devant vous. Vous verrez que naturellement l'allonge de l'épaule et du bras est plus ample en maintenant cette position sur le côté.

• Le roulis permet d'utiliser des muscles plus nombreux et surtout plus puissants. Le roulis des épaules va permettre d'utiliser non pas les muscles de l'épaule pour mouvoir son bras mais les dorsaux et les pectoraux, ce qui rend le geste du nageur plus puissant et plus efficace. L'épaule doit avant tout avoir un rôle pivot dans le mouvement et non moteur.

• Le roulis permet de pouvoir nager en tirant avantage de son poids comme moteur, tout au moins partiellement. Le roulis consiste à faire passer son poids d'un côté puis de l'autre ; cette transition du poids va générer une force de traction par l'intermédiaire du bras d'appui (si le placement du bras est correct et le timing du roulis également).

Pendant longtemps on a appris aux crawleurs à maintenir le bassin bien à plat sur l'eau. Ce n'est plus le cas aujourd'hui car on s'est aperçu de l'intérêt de nager avec un roulis aussi bien des épaules que **du bassin**. Nager avec un roulis du bassin permet justement de mettre à profit dans son mouvement le poids de son corps.

EXERCICE

• Si vous voulez en faire l'expérience, crawlez avec une planche en position verticale coincée entre les jambes et comparez les sensations lorsque vous cherchez à garder la planche bien verticale et, au contraire, lorsque vous cherchez avec votre bassin à la déplacer d'un côté puis de l'autre. Vous comprendrez le rôle du bassin. Vous sentirez qu'il soulage le travail des bras et des épaules. Nous verrons plus loin qu'il existe différents types de crawl qui, justement, peuvent se différencier, en partie par le travail du bassin.

QUELQUES TRUCS ET ASTUCES

• Au départ, ne pas hésiter à forcer le roulis en cherchant à pointer son nombril vers le bord de la piscine qui est parallèle au nageur.

• Penser à bien utiliser son bras avant pour équilibrer le roulis.

• Penser à ne pas croiser le bras devant soi mais plutôt chercher à tendre le bras bien dans l'axe de l'épaule ou très légèrement sur le côté extérieur. Le bras ne doit pas croiser la ligne médiane du corps, la main droite ne doit pas se retrouver du côté gauche du corps et vice-versa (lire page 115).

6• LE ROULIS DU NAGEUR CONFIRMÉ

Roulis ou torsion ? « *That is the question !* » Le roulis est important aussi pour le nageur confirmé, mais d'une manière un peu différente de celle du nageur débutant.

Nageuse confirmée en bonne position de roulis.

• Le roulis des épaules reste tout à fait fondamental et une composante très importante d'un bon crawl. Il permet une plus grande allonge, l'utilisation des muscles les plus puissants et réduit le risque de blessure de l'épaule.

• Le rôle du roulis du bassin doit être affiné. En effet, un roulis trop important du bassin risque de compliquer l'équilibre de la nage et de réduire l'efficacité du battement de jambes dans une certaine mesure. Mais surtout il risque de réduire la puissance et la vitesse du nageur : le nageur bénéficiera moins de la puissance des muscles du tronc et risque même éventuellement d'enfoncer trop les hanches dans l'eau ce qui aura pour effet de le ralentir.

On constate d'ailleurs souvent chez les très bons nageurs une amplitude de roulis des épaules plus grande (généralement comprise entre 30 et 45°) que celle du bassin.

En effet, un roulis du bassin moindre que celui des épaules va avoir des avantages intéressants :

- il va permettre de mieux fixer le battement des jambes ;
- il va contribuer à créer une torsion entre le bassin et les épaules ; cette torsion va permettre l'accumulation d'une énergie élastique qui sera transformée en énergie cinétique au travers du bras propulseur.

Pour comprendre l'importance de cette torsion, le golf est un bon exemple. Lorsque le golfeur frappe la balle, le haut du corps (les épaules) doit être totalement dissocié du bassin. Il déplace ses épaules (en rotation) alors que son bassin bouge beaucoup moins (le golfeur cherche à le laisser presque face à la balle) : ce décalage entre le bassin et les épaules va générer une torsion dans le haut du corps. Lorsque le club redescend, le golfeur ne se contente pas d'utiliser la seule force de la pesanteur pour frapper la balle, il accompagne le mouvement avec la torsion de son buste pour transformer l'énergie élastique accumulée dans ses muscles, ligaments et tendons en énergie cinétique. Des études ont montré que les golfeurs qui ont un swing parmi les plus puissants ne sont pas les plus musclés, mais ceux dont l'amplitude de rotation des épaules par rapport au bassin est la plus grande. Si l'on imagine le tronc d'un golfeur comme un ressort, on comprend bien que moins le bassin bouge et plus les épaules tournent, plus le ressort est tendu et plus grande sera la force qu'il générera en retour.

C'est un peu la même chose en crawl. Ne pas avoir un roulis du bassin exactement similaire à celui des épaules (tant en termes d'amplitude qu'en termes de timing) peut améliorer la propulsion du nageur mais cela dépend du style de crawl pratiqué comme nous le verrons dans le chapitre suivant.

La torsion du nageur confirmé est également aidée par le battements de jambe, qui vont avoir pour effet de fixer le bassin (de manière similaire, dans une certaine mesure, aux pieds du golfeur qui restent plantés sur le sol alors que le haut de son corps pivote).

QUELQUES TRUCS ET ASTUCES

• Pour prendre conscience de l'énergie élastique que l'on peut accumuler grâce à la torsion du haut du corps, l'éducatif du requin est particulièrement intéressant. Avec une planche coincée entre les jambes, nagez avec un fort roulis des épaules tout en veillant à faire osciller la planche le moins possible donc en fixant le bassin. Vous sentirez alors une torsion juste avant que la main appuie dans l'eau et la force élastique de retour. Si vos appuis de la main et du bras sont corrects et bien synchronisés avec le mouvement des épaules et du bassin, il est alors possible de convertir cette force élastique en force d'avancement.

7• LA PROPULSION PAR LES BRAS AVEC L'ÉPAULE COMME GUIDE

Il serait illusoire pour le nageur de vouloir travailler efficacement sa propulsion s'il ne maîtrise pas au préalable :

- l'horizontalité,
- l'hydrodynamisme et la respiration,
- la rigidité,
- le roulis,

car dans ce cas, la plus grande partie de la force déployée pour se propulser sera gaspillée pour lutter contre les trop grandes forces de frottement qu'il créera.

Dans une large mesure, le roulis seul permet au nageur d'avancer sans vraiment devoir se concentrer sur la propulsion des bras. Une fois la main placée devant soi, le simple fait d'accrocher l'eau puis de faire passer son poids sur le côté opposé, par le roulis, va générer la propulsion. L'école de natation « *Total Immersion* » a ainsi mis au point une technique de crawl très économique qui tire parti de ce phénomène.

La première clé de la propulsion, c'est donc le placement du bras dans l'eau pour permettre une bonne accroche appelée « *catch* » en anglais. Ce mouvement va être guidé non pas par la main mais par l'épaule. C'est un point fondamental pour celui qui cherche à bien crawler. En effet, c'est l'épaule qui va servir d'axe de levier pour exercer la plus grande partie de la force de propulsion. Il faut avancer l'épaule devant soi pour qu'elle vienne très près du menton (un petit truc : visualisez l'enfant qui se hisse sur la pointe des pieds et s'étire pour essayer d'aller appuyer sur un bouton trop haut pour lui). Pendant cet étirement de l'épaule, le bras est relâché et on doit ressentir le déplacement de l'omoplate vers le haut.

Cette position épaule avancée près du menton et bras relâché conduit le bras à former une courbe, un léger arc de cercle. Après avoir formé cet arc de cercle avec le bras, il faut accompagner le roulis en traçant simplement avec la main une droite parallèle au corps. C'est la manière la plus simple d'aborder ce geste de propulsion. Ensuite, au fur et à mesure du perfectionnement, on pourra affiner le trajet de la main en cherchant à appliquer une pression sur l'eau la plus forte possible donc en cherchant à utiliser la plus grande surface possible (main, avant-bras puis haut du bras) et en accélérant son mouvement de bras, même légèrement (voir illustration ci-dessous).

Appuyer sur l'eau ne veut pas dire contracter ses muscles. Le geste doit être relâché. Ce relâchement est parfois difficile à saisir pour certains nageurs venus sur le tard à la natation. Il faut bien entendu qu'il y ait contraction musculaire, mais pas crispation. Un peu à l'exemple du geste du cycliste qui pédale en souplesse, c'est ce type d'effort relâché et souple que le nageur doit chercher à sentir dans ses bras. Lors du retour aérien du bras, cherchez à analyser vos sensations : est-il relâché ? Contracté ? Même chose sous l'eau. Si vous nagez de manière contractée, vous n'aurez pas une nage efficace.

Durant la phase sous-marine, le coude doit se plier et on doit chercher à garder le coude « haut » c'est-à-dire toujours au-dessus du poignet et de la main. On voit parfois des nageurs débutants dont le poignet se trouve à un certain moment au-dessus du niveau du coude. Cela donne un mouvement sans puissance et c'est clairement un défaut à éviter.

Combiné au roulis, ce coude haut permet d'avoir un mouvement dont le point de levier est l'épaule et dont le moteur est les muscles dorsaux et les pectoraux. C'est le geste qui a le meilleur rendement.

Si le coude est bas et le roulis plus faible, le nageur va avoir tendance à utiliser principalement les muscles de l'épaule pour avancer. Ces muscles sont beaucoup moins puissants que les dorsaux et les pectoraux. Si vous ressentez des brûlures dans vos épaules en nageant, c'est vraisemblablement que votre roulis est insuffisant et votre coude trop bas. Il faut bien comprendre que la force de l'épaule seule ne peut rivaliser avec la puissance des muscles du centre du corps. On ne doit pas nager à la force des épaules, mais confiner ses épaules à un rôle de guidage et de pivot et forcer avec les bras, les pectoraux, les dorsaux et dans une certaine mesure, les abdominaux.

8• AMPLITUDE VERSUS GLISSE

Il a été démontré que, dans la grande majorité des cas, les nageurs les plus efficaces étaient ceux dont l'amplitude de nage était la plus grande c'est-à-dire ceux qui mettaient le moins de coups de bras pour couvrir une distance donnée. Cela s'appelle **l'amplitude**. De l'amplitude à la glisse, il n'y a qu'un pas et c'est bien là l'écueil.

Certains déduisent de cette importance de l'amplitude qu'il faut chercher à allonger le plus possible sa nage en cherchant la glisse au maximum afin d'augmenter la distance parcourue par cycle de bras.

Dans l'eau, on ne glisse pas vraiment en fait ! Avant tout, on décélère du fait de la très grande densité de l'eau. Or, le nageur doit chercher à décélérer le moins possible, car cela demande beaucoup plus d'énergie d'accélérer que de maintenir sa vitesse. Certains entraîneurs vont même à dire que le nageur le plus rapide est celui qui ralentit le moins, car en effet, c'est lors de la poussée du mur ou du plongeon que le nageur a la plus grande vitesse.

L'écueil de la recherche de glisse est justement la décélération. Il ne faut donc pas confondre amplitude et glisse.

Pour gagner en amplitude, le nageur doit, grâce à une excellente technique, tirer avantage de son anatomie (principalement de la souplesse de ses articulations, l'épaule en particulier, et de la puissance de ses muscles). L'amplitude est fortement liée à la capacité de l'épaule à s'étirer. Pour pouvoir étirer son épaule au maximum, il faut utiliser le roulis du corps de droite à gauche mais aussi le roulis d'avant en arrière : l'épaule sous-marine doit non seulement descendre sous la surface de l'eau mais également avancer le plus possible.

La glisse c'est le moment qui suit l'extension des articulations durant lequel le nageur sans réel mouvement se laisse glisser sur l'eau, enfin pas « glisser » : décélérer !

Le nageur a tout intérêt à chercher l'amplitude sans tomber dans le travers de la glisse, sauf à pratiquer une nage plaisir et non compétitive.

En golf, il y a un adage célèbre « *swing for fun and put for money* ». Cela pourrait se traduire par « "swinguer" pour l'amusement et "putter" pour l'argent » en référence aux deux gestes principaux du golf que sont le swing (frapper la balle fort avec son club) et le put (frapper la balle doucement sur le green avec son putter). On peut adapter cet adage au crawl : « amplitude et fréquence pour l'efficacité et glisse pour le fun ! »

QUELQUES TRUCS ET ASTUCES

• Si vous nagez dans un bassin qui n'est pas trop profond, prenez comme point de repère les lignes du fond du bassin pour estimer si vous nagez à vitesse presque constante (imaginez un objet avançant à l'aplomb de votre tête tiré par une corde à vitesse constante) ou si au contraire vous nagez par à-coups. Dans le premier cas, vous favorisez l'amplitude, c'est bien, dans le second vous favorisez la glisse, c'est moins bien.

9• ET LA PUISSANCE ?

Pour nager bien et vite, il ne suffit pas d'avoir les qualités évoquées dans ce premier chapitre :

- l'horizontalité,
- une bonne rigidité du corps,
- un bon hydrodynamisme,
- une bonne amplitude.

Il faut aussi pouvoir nager avec une certaine puissance. Cette puissance découle de trois facteurs.

• **Du système de levier « bras-épaule-dorsaux-pectoraux ».** Comme cela est décrit dans le paragraphe sur la propulsion des bras (page 47), une grande partie de la puissance vient de ce mouvement d'abduction du bras vers le flanc avec pour axe de levier l'épaule, surtout si le nageur est bien positionné dans l'eau grâce au roulis.

• **Du recrutement des muscles abdominaux principalement, mais aussi des muscles du bas du dos.** En golf, on parle de « *power zone* ». Le nageur peut parfaitement mettre à profit cette « *power zone* » pour avoir plus de puissance dans son geste. Pensez à quelle vitesse un golfeur arrive à projeter une balle de golf grâce à cette zone musculaire. Cette zone est mobilisée grâce à un mouvement de torsion dont le nageur doit chercher à s'inspirer. Pour cela, il faut au nageur un second point d'appui (autre que sa main et son avant-bras sur l'eau) qui va lui permettre de restituer en énergie cinétique, l'énergie élastique de la torsion. Ce second point d'appui se trouvera au niveau des jambes et dans une certaine mesure du bassin. C'est quand le roulis devient en partie torsion que cette « *power zone* » peut être utilisée par le nageur pour avancer avec plus de puissance.

• **Du battement de jambes.** Fondamental dans les distances de sprint, le battement devient une source de puissance moindre dès que les distances tendent à s'allonger, bien que pour autant il ne faille pas le négliger, comme nous allons le voir.

C'est la conjonction de ces trois forces, et surtout de la première et de la seconde, qui permet au nageur de développer de la puissance.

10• LE BATTEMENT DE JAMBES

Le battement de jambes paraît simple, mais une fois dans l'eau, il arrive à certains de faire du surplace, voire même de reculer.

La raison première à cela réside dans le positionnement de la cheville et son degré de souplesse. Comme l'illustrent les schémas suivants, plus l'angle du pied avec le tibia est ouvert et plus le battement sera facile. A contrario, essayez de battre des jambes avec les pieds en porte-manteau (c'est-à-dire avec les orteils pointés vers le fond du bassin). Vous allez tout simplement faire du surplace.

• **Position 1 :** l'angle de la cheville est très ouvert ; l'eau est propulsée vers l'arrière et le battement est très efficace.

• **Position 2 :** Le pied est presque dans l'alignement de la jambe mais pas tout à fait ; l'eau est propulsée à l'oblique mais le battement n'est pas très efficace.
• **Position 3 :** le pied est en porte-manteau ; le nageur va faire du surplace avec son battement.

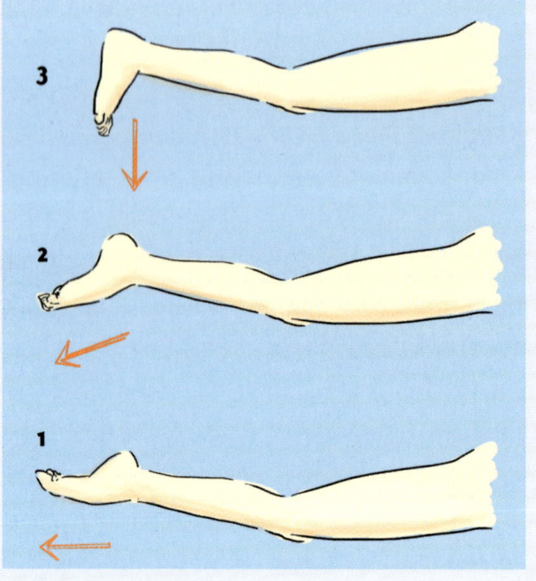

Voici quelques conseils pour battre des jambes de manière efficace.
• Gardez la jambe droite et tendue durant la phase d'appui (cela vous permet d'éviter trop de frottement mais attention cela ne sera efficace que si votre cheville est bien positionnée).
• L'effort se fait sur la jambe durant la phase d'appui. La remontée de la jambe se fait relâchée.
• L'ensemble du mouvement d'appui part de la hanche.
• Cherchez à limiter l'amplitude des battements (un peu comme si vos chevilles étaient reliées par une courte corde) et travaillez en fréquence. Évitez de sortir le pied de l'eau.

Il n'y a pas de miracle, pour avoir un battement efficace, il faut aligner les longueurs en battement. On peut difficilement espérer avoir un bon battement en ne faisant qu'un ou deux allers-retours de bassin par séance.

Il ne s'agit pas de se contracter sous l'eau pour garder les jambes parfaitement tendues ; ce serait totalement contreproductif. En revanche, en cherchant à garder les jambes relativement droites, on augmente généralement la puissance de son battement et ce d'autant plus que la cheville est suffisamment souple pour permettre un étirement du pied vers l'arrière.

La souplesse des chevilles est très importante

Les débutants ont tendance à plier trop les genoux lors des battements, ce qui a pour effet de déplacer des masses d'eau dans le sens contraire du mouvement et si les chevilles manquent de souplesse, il n'est pas impossible qu'ils reculent.

Tant que la cheville ne s'étire pas à un angle minimum de 70°, le nageur est obligé de plier légèrement le genou pour que le battement soit propulsif. Le problème du genou plié, c'est que cela augmente la surface de frottement de la cuisse contre l'eau : cela ralentit le nageur et rend son battement beaucoup moins efficace.

Pour avoir un battement optimal, il faut que la cheville soit très souple et la jambe la plus tendue possible, d'où l'intérêt de pouvoir se rapprocher de cet angle de 70° (voire le dépasser). Tout degré de souplesse gagné au-delà de 60° permettra un meilleur battement avec moins d'effort. Les nageurs les plus rapides en battement de jambes atteignent couramment un angle de 75°.

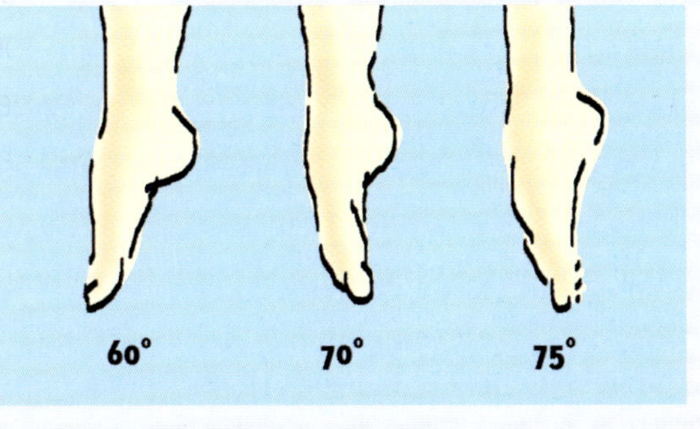

Plus l'angle de flexion de la cheville sera grand et plus le battement du nageur sera efficace.

Maintenant, il faut aussi comprendre que la force du battement peut avoir une influence sur le degré de l'angle de la cheville. Si vous battez fort avec une cheville relâchée, la pression de l'eau peut vous faire gagner quelques précieux degrés. C'est le cas en sprint, moins en endurance. Cela dit, on peut observer chez certains nageurs de demi-fond une tendance à battre peu mais fort.

Si vous souhaitez améliorer votre battement de jambes, vous avez tout intérêt à gagner en souplesse au niveau des chevilles et cela passe par des étirements. Je vous conseille à ce titre la lecture du livre de Christophe Carrio, *Savoir s'étirer* (Ed. Thierry Souccar).

Pourquoi battre des jambes en crawl ?

Battre des jambes fait nager plus vite, notamment pour trois raisons.

- **Vous avez un meilleur positionnement dans l'eau.**

Battre des jambes doit aider à garder les jambes à l'horizontale dans le prolongement du corps : c'est le rôle de support et de maintien du battement. Si vous ne battez pas des jambes, vos jambes auront plus tendance à plonger. Battre des jambes, même de manière légère, vous permettra de garder une meilleure horizontalité dans l'eau, de vous porter plus haut sur l'eau. L'écueil à éviter est d'avoir un battement qui sort trop du sillage du nageur ou qui vous freine. Il est vrai que le port d'une combinaison limite quelque peu ce défaut pour certaines compétitions en eaux libres (triathlon).

- **Vous augmentez votre amplitude.**

C'est le rôle de propulsion du battement. Même en battant en deux temps (c'est-à-dire en ne faisant que deux battements par cycle de bras), si le battement est bien placé, celui-ci va permettre d'ajouter à la traction du bras, une force venant de l'arrière qui poussera le bassin du nageur vers l'avant et lui fera gagner un peu en amplitude. Un battement en deux temps, peu consommateur d'énergie, peut permettre de gagner ainsi un ou deux coups de bras par 25 m (au minimum pour un piètre batteur de jambes). À chaque battement, vous gagnez quelques centimètres et c'est autant de gagné sur une longueur. Pour cela, concentrez-vous quand vous battez des jambes sur l'avancée du bassin qui doit en résulter et observez l'incidence en comptant votre nombre de coups de bras par longueur.

- **Vous maintenez une vitesse quasi constante.**

Si vos bras peuvent vous tracter à 3 km/h, quel est l'intérêt de battre des jambes quand celles-ci ne peuvent vous propulser qu'à disons 1,5 km/h ? En physique, les deux vitesses ne s'ajoutent pas et malheureusement cela ne vous fera pas nager à 4,5 km/h (3+1,5). La vitesse du nageur (et surtout la génération de la puissance) n'est pas constante tout au long du cycle de nage. Selon le moment du cycle de bras, la puissance sera plus ou moins importante. Si le battement est efficace et réalisé avec **un bon timing** par rapport aux bras, il va permettre de lisser cette puissance et cette vitesse.

Ce bon timing bras-jambe se trouve de manière intuitive assez facilement mais il n'est pas inutile de chercher à l'optimiser en essayant d'analyser le placement de son battement pour qu'il y ait moins de perte de vitesse entre chaque mouvement de bras.

Pourquoi le battement doit-il partir de la hanche et non du genou ?

Pour comprendre ce qu'on entend par partir de la hanche, il faut s'intéresser à l'anatomie du bassin et comprendre où « commence » réellement la jambe.

La plupart d'entre vous pense sans doute que la jambe commence à l'articulation du bassin. C'est vrai et faux à la fois ! C'est vrai si l'on parle des os de la jambe ; c'est faux si l'on parle des muscles qui actionnent la jambe. En effet, l'un des muscles principaux qui actionne la jambe se situe non pas dans la jambe proprement dite, mais dans le bassin. C'est le muscle ilio-psoas, qui appartient aux muscles ventraux de la ceinture pelvienne et qui rattache la jambe au tronc. Ce muscle ilio-psoas est constitué de deux muscles : le muscle psoas majeur et le muscle iliaque (voir illustration page 56).

Ce muscle est fondamental (notamment en course à pied), car il participe à la levée avant de la jambe. Ce n'est pas pour rien qu'Asafa Powell (9" 74 au 100 m en athlétisme) avait des ilio-psoas surdimensionnés, chose évidemment totalement invisible à l'œil nu.

Aussi quand on parle de battement de jambes, il faut entendre non pas la jambe qui s'arrête à la hanche, mais y inclure les muscles qui se trouvent au-dessus de la hanche et qui actionnent les jambes. Ainsi, la jambe du nageur est-elle beaucoup plus longue qu'il n'y paraît, en quelque sorte. Et pas besoin d'être un expert en physique pour comprendre que plus longue sera la partie de la jambe en mouvement, plus importantes seront la force et l'amplitude du battement.

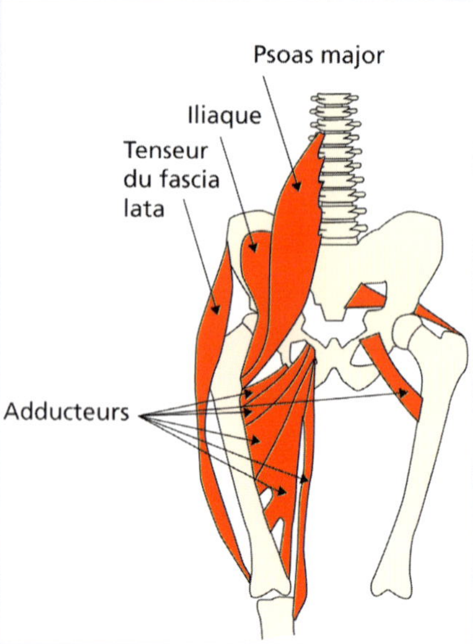

Quand vous battez des jambes, imaginez votre jambe commencer non pas à la hanche, mais presque au niveau du sternum et initiez le mouvement à partir de là.

C'est cela battre avec les hanches. Il est fort probable que cela vous aide à gagner en puissance dans votre battement. En plus, cela aura l'avantage de renforcer votre ceinture abdominale, ce qui est toujours bon à prendre.

Sprint *versus* endurance

Le nageur d'endurance tire très peu de force de propulsion de son battement (voire même aucune). Alors faut-il pour autant laisser tomber le battement de jambes ? Pas du tout, le nageur doit toujours veiller à avoir un battement efficace. Par efficace, il faut entendre :

- un battement grâce auquel le nageur peut avoir une bonne position horizontale du corps sur l'eau ;
- un battement qui occasionne peu de traînées, qui freine le moins possible le nageur ;
- un battement qui guide la rotation du corps au lieu de la suivre simplement ;
- un battement qui utilise peu d'énergie.

Si vous laissez tomber complètement le battement, vous pourrez tout de même nager à un niveau moyen (surtout si vous portez une combinaison et vous nagez en eaux libres), mais à un moment ou un autre, si vous cherchez à vraiment progresser et atteindre un bon niveau, l'absence de maîtrise du battement deviendra un handicap. Alors autant prendre de bonnes habitudes dès que possible.

Les 4 éléments-clés pour un battement efficace

1• Le battement doit partir de la hanche et non du genou. On doit chercher à garder la jambe tendue. Sans doute y aura-t-il une légère flexion du genou dans le mouvement, mais elle ne doit pas être recherchée ou forcée. Le fait de trop plier les genoux va engendrer une résistance frontale de la cuisse qui ralentira le nageur.

2• Il faut penser à garder les pieds pointés et la cheville souple. Un petit truc, c'est d'imaginer que les gros orteils s'effleurent durant le battement. Faire régulièrement des étirements des chevilles peut être intéressant. Il n'est pas rare de voir des nageurs battant avec le pied presque à angle droit, les orteils pointant vers le fond ; cela ne procure pas de propulsion ; pire, les pieds agissent alors comme un frein. Même si le battement n'a pas vocation à être propulsif, il faut penser à bien garder les pieds pointés pour des raisons d'hydrodynamisme.

3• Il existe plusieurs rythmes de battements de jambes : le 2, 4 ou 6 temps (voir lexique), mais il existe également des rythmes plus compliqués. Le battement servant avant tout à équilibrer la nage, à chaque nageur de trouver le bon rythme suivant son style et son positionnement dans l'eau. Une règle de base consiste à chercher à placer un battement au moment de l'entrée dans l'eau du bras opposé.

4• Le ressenti : cherchez à bien sentir l'appui sur l'eau de toute la jambe et sur l'extérieur du coup de pied en particulier. Pour cela, on peut pointer les pieds légèrement vers l'intérieur. Cela met le pied dans une position où la surface d'appui est plus grande pour propulser le nageur. Vous devriez constater en faisant cela un peu plus de puissance dans votre battement. Le retour de la jambe vers le haut doit se faire sans effort.

Les défauts à corriger

• **Un battement trop ample.** Il faut garder les jambes dans le sillage du reste du corps. Un battement de grande amplitude (coup de ciseau qui fait sortir la jambe du sillage), freine le nageur ; c'est donc un mouvement à éviter. Le pied ne doit pas descendre plus

Ainsi, le crawleur novice, débutant ou fatigué qui a les jambes qui plongent aura tout intérêt non pas à étendre le bras à l'horizontale devant lui, mais plutôt à placer son épaule au niveau du menton et à étendre le bras avec un angle de 20 à 30 degrés par rapport à la surface de l'eau. En pointant ainsi le bras plus vers le fond du bassin, le nageur va permettre naturellement à son bassin et à ses jambes de remonter vers la surface.

Faites le test : laissez-vous glisser dans cette position, le corps étant légèrement sur le côté (du fait du roulis). Vous sentirez la poussée d'Archimède remonter votre bassin et vos jambes. Une fois cet équilibre mieux maîtrisé, on pourra alors chercher à allonger le bras devant soi de manière plus horizontale. N'hésitez pas quand vous vous sentez fatigué, à reprendre de l'angle, cela rendra votre crawl peut être moins rapide, mais certainement moins fatigant.

Autre astuce pour le crawleur confirmé : garder **le coude** assez haut hors de l'eau durant la phase aérienne du bras de l'arrière vers l'avant, cela aidera à maintenir le nageur plus haut sur l'eau que si son coude s'avance trop rapidement dans l'eau. Rester plus haut sur l'eau se traduit par un gain de vitesse du fait de la réduction des frottements du nageur.

Le placement de **l'épaule** a aussi une grande importance dans cette recherche de nage haute sur l'eau, comme nous allons le voir au point 12.

3• Les jambes : il faut nécessairement au minimum un léger battement stabilisateur afin de « porter » les jambes sur l'eau et éviter que les jambes ne traînent derrière le nageur comme une ancre (lire page 51 le point 10 sur le battement de jambes).

12• LE RÔLE DE L'ÉPAULE

En crawl, l'épaule joue un rôle très important. Il y a au moins trois raisons à cela :

- l'épaule est le principal point de levier de l'ensemble tronc-bras ;
- du placement de l'épaule dépend le bon placement du nageur dans l'eau et l'amplitude de son geste ;
- l'épaule, tout comme la tête, représente une part importante de la surface frontale que le nageur oppose à l'eau.

Pour optimiser son crawl et avoir un geste efficace, voici comment tirer avantage de ces trois caractéristiques de l'épaule.

• **Le nageur doit chercher à avancer son épaule devant lui.** Ainsi, le point de levier est avancé ce qui va permettre une plus grande amplitude du mouvement. Le simple fait d'avancer l'épaule va faire gagner plusieurs centimètres à chaque coup de bras.

• **Dans ce mouvement d'avancement, le nageur doit chercher à amener l'épaule près du visage.** Cela réduit d'autant la surface frontale en effaçant toute la surface de l'omoplate. Pour être parfaitement hydrodynamique, il faut penser non seulement à avancer l'épaule mais l'avancer sur une ligne proche du menton (et non pas la laisser au niveau de l'oreille comme cela est naturellement le cas lorsque, debout, on étend le bras à la verticale au-dessus de soi). L'épaule doit se rapprocher du visage entre l'oreille et le menton. Observez comment les excellents nageurs sont capables de faire cela même au moment de l'appui du bras sur l'eau (et notamment au moment où la main passe à l'aplomb de l'épaule). Cela demande une grande souplesse. Les nageurs amateurs auront tout intérêt à rester vigilants sur le placement de l'épaule sans forcément aller dans les positions extrêmes des meilleurs nageurs (au risque de se blesser). Si vous arrivez à maintenir l'épaule ainsi près du visage, vous contribuerez à réduire votre surface frontale et votre crawl sera beaucoup plus efficace : pour atteindre une vitesse donnée, la puissance requise sera moindre. En clair, votre rendement sera bien meilleur.

Le nageur doit amener l'épaule près du visage, entre l'oreille et le menton.

Le défaut du nageur amateur

Le nageur qui débute a tendance à placer son épaule près de l'oreille au moment de l'entrée dans l'eau, puis l'épaule s'affaisse avec le bras au moment de l'appui, ce qui a pour effet d'ouvrir l'espace entre l'épaule et la tête (et qui correspond grossièrement à l'emplacement de la clavicule). Cet espace ouvert va freiner le nageur. Il faut bien comprendre qu'en termes d'hydrodynamisme, quelques centimètres carrés de plus ou de moins sur la surface frontale du nageur ont une grande incidence sur l'efficacité de la nage. Il ne faut jamais l'oublier.

Pour le nageur expert ou compétiteur

Chez les nageurs de très haut niveau, l'épaule reste près du visage durant la première moitié du trajet sous-marin du bras ; ensuite, l'épaule passe derrière la tête durant la seconde moitié de ce trajet sous-marin puis sort de l'eau. L'épaule réussit à rester ainsi le plus près possible du nageur, toujours dans la vague. De plus, le nageur expert est capable, dans un geste ample, d'élever son épaule quasiment au haut de la vague qu'il génère en avançant (appelée « vague d'étrave »). Le nageur débutant ou moyen, lui, va avoir tendance à enfoncer son épaule dans cette vague. Si l'on veut nager de manière efficace d'un point de vue hydrodynamique, on a tout intérêt à dégager l'épaule le plus possible de l'eau et le plus longtemps possible. C'est ce qu'arrivent à faire les nageurs experts, grâce à la souplesse de leurs épaules, à la maîtrise du roulis et à un très bon timing de leur nage. Plus le nageur désire nager vite et plus ce placement de l'épaule haut sur l'eau devient important du fait des bénéfices hydrodynamiques qu'il induit. Cette technique de placement de l'épaule sur le haut de la vague d'étrave est difficile à maîtriser et il n'est pas nécessaire pour le nageur débutant ou de niveau intermédiaire de trop s'y attarder.

13• LE « *CATCH* »

Le « *catch* » (prise d'appui en français) est une expression anglaise utilisée pour désigner le moment où le nageur commence son appui sur l'eau, où il « attrape » l'eau (« *to catch* » signifiant « attraper »). Comment réussir un bon *catch* ?

Un bon *catch* requiert pour commencer une bonne position du haut du corps du nageur (abdomen, dos, épaule, bras et main).

Il faut qu'il y ait mise en tension des muscles à long bras de levier au moment de l'appui sur l'eau. Si la chaîne d'appui est placée trop horizontalement par rapport à l'eau (voire même en fait si elle pointe vers la surface), elle sera peu efficace. Dans l'idéal, une bonne chaîne d'appui consiste en un alignement de la main au bassin en passant par l'épaule avec l'avant-bras et la main légèrement dirigés vers le fond du bassin. Ce placement va permettre de bien attraper l'eau et de garder le bassin haut lors du *catch*.

Souvent le nageur, pensant chercher l'horizontalité, va avoir tendance à ne pas créer cette ligne droite, mais une ligne cassée avec une épaule trop haute et une main également trop haute : il n'aura pas un bon *catch* car il n'aura pas créé le bon alignement musculaire.

Ce fameux *catch* n'est pas tant une question de bonnes sensations de l'eau, qu'une question de bon placement de la chaîne musculaire sollicitée. Si le placement n'est pas bon, la main passera au travers de l'eau ; à l'inverse, si le placement est bon, la main accrochera bien l'eau.

QUELQUES TRUCS ET ASTUCES

• Pratiquez l'éducatif du requin (avec une planche entre les jambes) (lire page 120) ou si vous préférez avec un pull-buoy pour bien vous concentrer sur les sensations des bras.

• Au moment de l'extension du bras, cherchez pendant quelques cycles de bras à garder l'épaule près de l'oreille et la main près de la surface puis, durant les cycles suivants, gardez l'épaule au niveau du menton et le bras légèrement incliné par rapport à la ligne bassin-épaule.

• Prenez alors conscience de la différence de ressenti sur l'eau grâce au bon alignement de cette chaîne musculaire au moment de l'appui sur l'eau. Une fois ce bon alignement trouvé, le *catch* doit être plus facile à saisir.

• Il faut bien comprendre que ce n'est pas seulement la main qui va appuyer sur l'eau mais également l'avant-bras et puis la partie supérieure du bras.

- Un autre très bon éducatif consiste à nager poings fermés. Cela oblige le nageur à utiliser son bras pour se propulser et pas seulement ses mains.
- Au lieu de nager poings fermés, on peut aussi tenir une balle ou bien nager avec des plaquettes appelées « anti-plaquettes » (par exemple, les PT paddles de Finis) qui sont justement conçues pour supprimer la force d'appui des mains sur l'eau (voir page 135).

La décomposition du *catch*

- **Phase 1 :** une fois que la main puis le coude sont entrés dans l'eau (il est important de bien respecter cet ordre : main puis coude avec le coude qui, mentalement, rentre dans le trou formé par la main), le bras s'allonge en veillant à l'alignement épaule-coude-poignet. Le poignet doit être plus bas que le coude, qui lui doit être plus bas que l'épaule.

- **Phase 2 :** la main commence à saisir l'eau ; la ligne épaule-coude ne bouge quasiment pas.

• **Phase 3 :** le coude tourne légèrement vers l'intérieur ; la main et l'avant-bras commence à pousser l'eau vers l'arrière.

• **Phase 4 :** le coude est plié ; grâce à cela, toute la zone main-avant-bras est en position optimale pour pousser l'eau vers l'arrière.

Nous reviendrons plus loin sur le *catch*.

14• LE TRAJET SOUS-MARIN DU BRAS ET DE LA MAIN

Le trajet sous-marin de la main et du bras reste un geste que chaque nageur doit s'approprier et adapter à sa vitesse, sa technique et à son style de nage. Il n'existe pas un trajet idéal qui s'appliquerait à tous les nageurs. Alors que certains entraîneurs ont recommandé pendant longtemps de tracer une forme en « S » avec la main, d'autres, aujourd'hui, recommandent de tracer un « I » sous l'eau. La vérité se situe comme souvent entre les deux.

Pour de multiples raisons qui seront plus amplement expliquées dans la suite de ce livre, je pense que c'est probablement une erreur de raisonner en pensant à une trajectoire particulière de la main. À mon avis, mieux vaut s'attacher à respecter quelques grands principes généraux pour avoir un trajet sous-marin efficace ; la forme finale de la trajectoire importe peu, elle ne sera que la résultante de l'application de ces principes. Vouloir se concentrer sur la trajectoire sans comprendre ni appliquer les principes du crawl, c'est prendre le problème à l'envers.

La natation moderne considère que le déplacement du nageur dans l'eau se fait principalement en vertu du principe physique « action/réaction ». Ainsi, pour simplifier, c'est en poussant l'eau vers l'arrière que le nageur progresse vers l'avant. La suprématie du style de crawl australien (pratiqué par Ian Thorpe, Grant Hackett notamment) a consacré une nage avec le coude haut et des appuis perpendiculaires placés tôt dans le cycle sous-marin.

Premier principe : trouver la perpendiculaire

Le but principal de la trajectoire sous-marine est de déplacer l'eau dans un sens opposé à celui de la trajectoire du nageur : le nageur voulant se déplacer vers l'avant, il faut pousser l'eau vers l'arrière.

Pour cela, il faut dès que possible placer d'abord sa main, puis son avant-bras, puis son bras tout entier perpendiculairement au sens du mouvement.

Cette règle a l'avantage de la simplicité, mais sa mise en œuvre n'est pas aussi aisée qu'il y paraît.

En effet, la main et le bras ont naturellement tendance à tracer un arc de cercle avec l'épaule comme axe de rotation. Aussi, le nageur débutant a-t-il souvent tendance à pousser l'eau d'abord vers le fond du bassin, puis seulement à 75 % vers l'arrière pour enfin pousser à 100 % vers l'arrière quand le bras passe à la verticale de l'épaule.

Cette trajectoire n'optimise pas le déplacement des masses d'eau vers l'arrière. Pour l'optimiser, le nageur doit plier **d'abord son poignet, puis son coude**. Ainsi il pourra mettre sa main et son avant-bras perpendiculairement au mouvement sans attendre que la main passe à la verticale de l'épaule. En déplaçant davantage d'eau vers l'arrière, il gagnera en puissance et en efficacité.

Second principe : garder le coude haut tout au long du trajet sous-marin

Par là, il faut entendre garder le coude toujours plus haut que la main et proche de la surface de l'eau. Plus le nageur aura une bonne technique et plus il aura de la souplesse au niveau de l'épaule, plus il lui sera facile de garder le coude proche de la surface de l'eau.

Pourquoi garder le coude haut ? La première raison et la plus évidente, c'est que cela permet d'avoir un appui plus grand et plus long perpendiculairement au mouvement du nageur. Si l'on assimile le bras à une rame avec laquelle le nageur se propulse, il est clair que plus la rame peut déplacer d'eau dans le sens contraire au mouvement, plus le nageur ira vite (en vertu de la simple loi physique de l'action/réaction).

La seconde raison n'est souvent pas perçue et a trait à l'hydrodynamisme. Il ne faut jamais oublier en natation que l'ennemi premier du nageur, c'est sa surface frontale. Plus la surface frontale du nageur est faible, meilleure sera sa pénétration dans l'eau (hydrodynamisme). Or garder le coude haut, dès le début du mouvement sous-marin, a pour conséquence immédiate de réduire cette surface frontale. En effet, plier le coude très tôt permet de garder les biceps et triceps plus horizontaux que si l'on ne plie pas le coude. Cette technique a été consacrée sous le nom du « *Early Vertical Forearm* » (EVF) (que l'on peut traduire par « avant-bras placé tôt verticalement »). Elle est utilisée par les meilleurs nageurs actuels pour les distances de 200 m et plus (ex : Yannick Agnel, Camille Muffat...). Quand il est parfaitement réalisé, l'EVF permet un gain important d'hydrodynamisme.

Remarque : la notion de coude haut est relative par rapport au roulis. Au début de la prise d'appui, l'épaule du nageur est enfoncée dans l'eau (du fait du roulis) donc le coude est haut par rapport à l'épaule du nageur (mais pas forcément proche de la surface). Ce n'est qu'ensuite, lorsque le nageur bascule de l'autre côté que son épaule remonte et que le coude va se rapprocher de la surface.

De manière assez conservatrice, on peut recommander au nageur de positionner sa main à peu près sur une ligne passant à la verticale de son épaule lors de l'appui, comme sur l'illustration suivante (la ligne en pointillé indique la verticale de l'épaule).

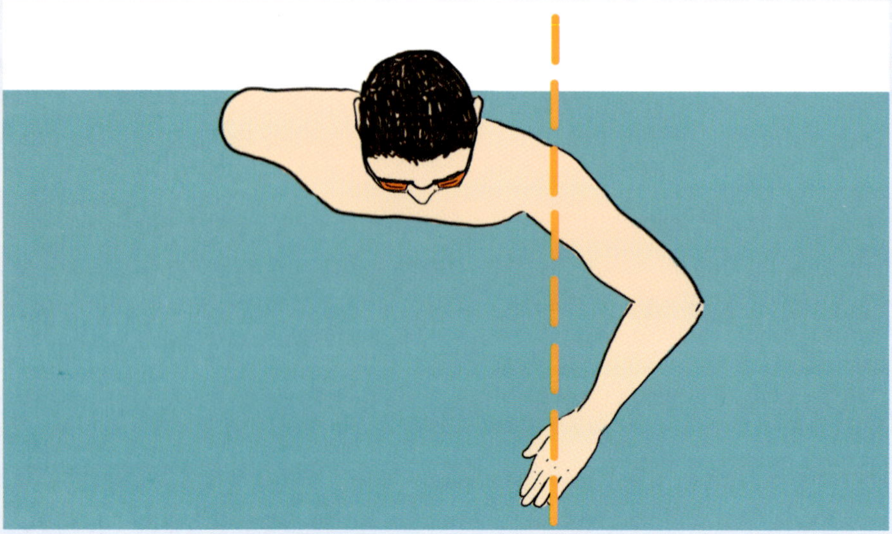

Une bonne approche est de faire passer la paume de la main à l'aplomb de l'épaule.

Les nageurs qui accentuent cette manière de nager avec le coude haut vont parfois même positionner leur main à l'extérieur de cette ligne. À chacun d'adopter la position dans laquelle il a la sensation d'un bon appui sur l'eau sans trop solliciter son épaule.

Cette technique du « coude haut » a beaucoup d'avantages :

- Elle permet d'avoir une plus grande surface d'appui vers l'arrière (si le coude n'est pas plié, le nageur va pousser l'eau vers le fond du bassin autant que vers l'arrière).
- Elle réduit les forces de frottement du haut du bras car celui-ci est plus profilé sur l'eau.

Il faut savoir qu'on estime que les forces de frottement générées par le bras représentent environ 40 % du frottement total du nageur ; il est donc très important d'optimiser le placement du bras pour réduire ce frottement. Le fait de placer l'avant-bras très tôt verticalement contribue à cela (voir illustration ci-contre).

Si le coude est plié (ci-dessus de manière extrême), l'appui se fait alors plus aisément vers l'arrière et non vers le fond. De plus, le haut du bras vient beaucoup moins s'opposer à l'eau, ce qui diminue les frottements.

15• LE RETOUR AÉRIEN DU BRAS

Le retour aérien du bras est une phase-clé dans le crawl. Le mouvement à rechercher consiste en un arc de cercle presque complet du coude autour de l'épaule.

Il est assez courant, surtout pour les nageurs débutants ou moyens, de stopper l'arc de cercle au moment où le coude est à la verticale de l'épaule pour ensuite tirer une droite avec le coude vers l'eau. Le coude se trouve ainsi projeté vers l'extérieur du nageur alors qu'il devrait rester le plus possible à l'aplomb du nageur en dessinant un simple arc de cercle. Le respect de cet arc de cercle est la clé d'un bon retour aérien.

Il est souvent conseillé de garder la main plus basse que le coude durant ce retour aérien. Cela permet un meilleur relâchement du bras et aussi une trajectoire de la main près de la ligne médiane du corps. En effet certains débutants ont tendance à lancer la main vers l'extérieur ce qui peut les faire godiller. Toutefois, les très bons nageurs sachant parfaitement guider leur corps sans godiller peuvent se permettre de garder le bras moins plié (en ayant la main éventuellement au niveau du coude voire même au-dessus dans le cas d'une nage bras tendus).

Tracer un arc de cercle complet avec le coude procure plusieurs avantages :

- Cela permet au bras de profiter de l'inertie : le poids du bras bascule autour de l'épaule et emmène le nageur plus loin que s'il plonge son coude plus rapidement vers l'eau.
- Cela permet d'augmenter la distance parcourue par le bras hors de l'eau. La main entre dans l'eau plus loin devant soi. Si le coude plonge rapidement vers l'eau après le passage à la verticale de l'épaule, le bras va avoir tendance à rentrer plus à plat sur l'eau et le trajet sous-marin de la main et du bras vers l'avant va être plus long.
- Cela permet au nageur une répartition du poids plus vers l'avant et facilite un meilleur placement du bassin et des jambes.

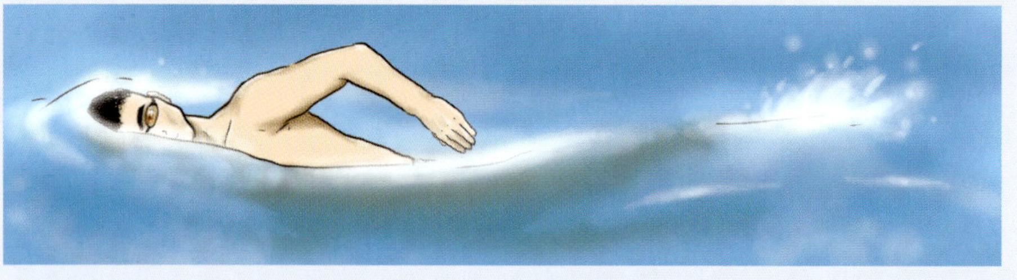

La main sort de l'eau près de la hanche du nageur.

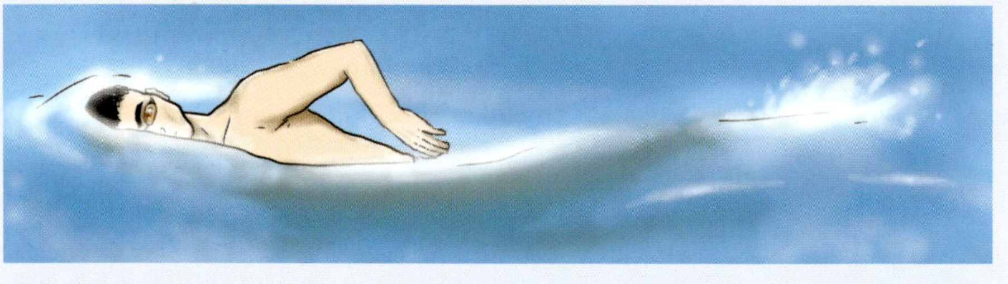

Le coude plié guide le retour du bras vers l'avant en laissant la main près du corps.

Suivant une trajectoire en arc-de-cercle, la main passe près de l'épaule, le coude bien plié, pour venir se placer près de la tête.

La main n'entre pas dans l'eau près de la tête mais loin devant, le coude formant un angle bien ouvert.

Quand on s'applique à tracer un tel arc de cercle, on gagne immédiatement en amplitude (distance parcourue par cycle) et également en puissance car le trajet du coude vers l'avant en l'air aide le nageur dans la poussée arrière de son bras sous-marin.

16• L'ENTRÉE DE LA MAIN ET DU BRAS DANS L'EAU

À la fin du retour aérien, la main et le bras doivent rentrer dans l'eau évidemment. Cette phase est, elle aussi, très importante car, comme toujours en crawl, tout le corps est interconnecté et donc cette phase du retour dans l'eau du bras aérien a une conséquence sur l'autre bras, qui lui est en plein appui, à cet instant.

Pour bien réussir cette phase du cycle de bras, je conseille de chercher à rentrer d'abord la main dans l'eau (avec le coude légèrement plié) puis de faire rentrer le coude dans l'eau en ayant l'impression de faire entrer le coude dans le trou que la main a formé dans l'eau, puis, une fois l'épaule entrée dans l'eau, d'allonger le bras tendu devant soi sous l'eau (à environ une vingtaine de centimètres sous la surface).

Il est important de bien respecter cette séquence d'entrée de la main PUIS du coude. Un défaut courant consiste à faire entrer le coude dans l'eau au même moment que la main, voire même avant la main ! Dans ce cas, le nageur va avoir tendance à allonger son bras trop près de la surface, ce qui induit en général un affaissement du bassin et donc un effet de frein. De plus, cela va enlever beaucoup de puissance à l'entrée de son bras (car la force de gravité du bras qui pénètre dans l'eau est l'un des facteurs de puissance de la nage).

En respectant cette séquence main puis coude, le nageur favorise naturellement le roulis des épaules. Le fait de vouloir ainsi « enfiler » le coude dans le trou formé par la main oblige à abaisser l'épaule ; ensuite, l'allongement du bras devant soi vient naturellement avec la fin du mouvement du roulis. Au début, il ne faut pas hésiter à réaliser ce mouvement lentement pour bien mémoriser les sensations.

Pour ceux qui veulent nager vite avec beaucoup de fréquence, il sera plus difficile de bien respecter la séquence d'entrée de la main puis du coude dans l'eau mais, pour autant, il faudra continuer à y veiller. De plus, les effets bénéfiques de cette séquence main/coude/épaule/bras allongé se ressentent également dans le travail du bras opposé qui se trouvera mieux équilibré pour bien appuyer sur l'eau.

- **Première phase :** entrée de la main dans l'eau (le bras est légèrement plié).

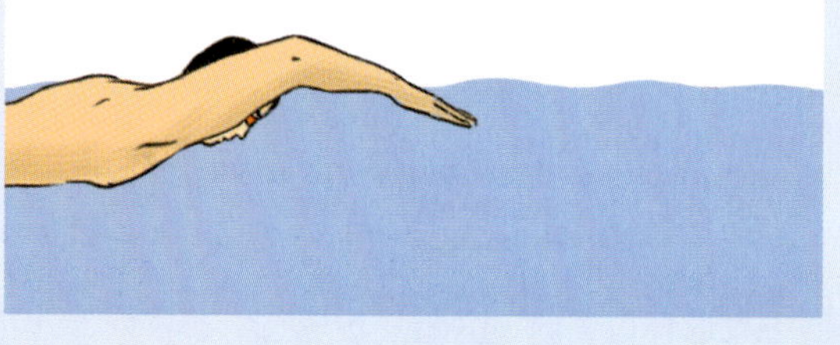

• **Seconde phase :** entrée de l'épaule dans l'eau (avec la recherche de sensation d'entrer l'épaule dans le trou formé par la main dans l'eau).

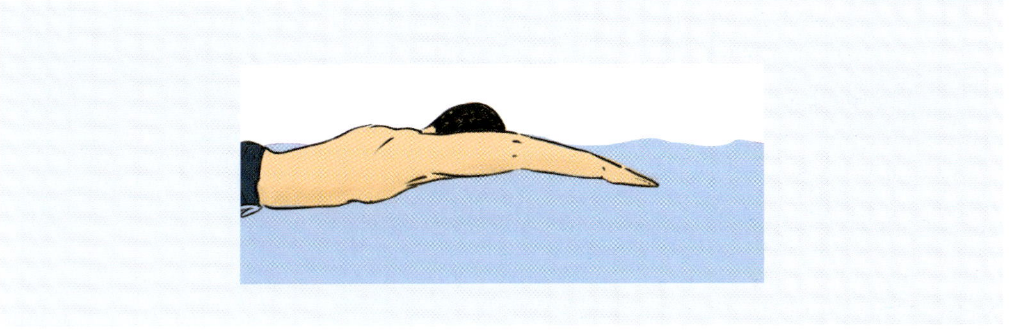

• **Dernière phase :** allongement du bras sous l'eau avec avancement de l'épaule (voir page 60 le point 12 sur le rôle de l'épaule).

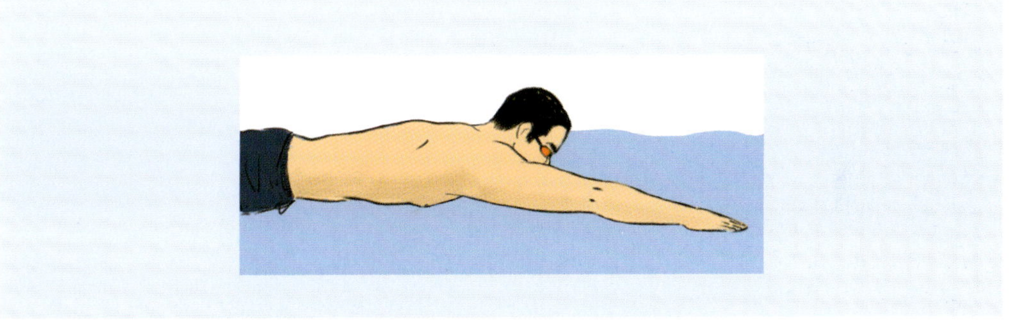

CHAPITRE 2

LES DIFFÉRENTS STYLES DE CRAWL

Heureusement, il n'existe pas une seule et unique manière de nager le crawl. J'en ai répertorié trois principales et rien n'interdit d'alterner les styles de nage au gré des envies et des besoins. Voici une classification réalisée par l'entraîneur américain Gary Hall Sr. (et ancien champion olympique).

17• LE CRAWL EN OPPOSITION (OU *KAYAK STYLE*) OU CRAWL GUIDÉ PAR LES ÉPAULES [*SHOULDER DRIVEN* (SD)]

C'était le style de crawl le plus répandu en compétition jusqu'aux années 1990. Il consiste à avoir un mouvement synchronisé des deux bras : au moment où une main sort de l'eau, l'autre est déjà dans l'eau et commence à exercer une force d'avancement. L'avantage de ce style de nage est **l'absence de temps mort** dans le cycle de bras ; à tout moment, le nageur génère une force d'avancement avec ses bras, un peu comme un kayakiste dont les pales gauche et droite de sa pagaie appuient alternativement presque sans temps mort sur l'eau. Certains parlent d'ailleurs de style kayak. C'est le style « classique » du crawl en opposition très utilisé par les sprinteurs notamment.

Décomposition image par image du crawl en opposition

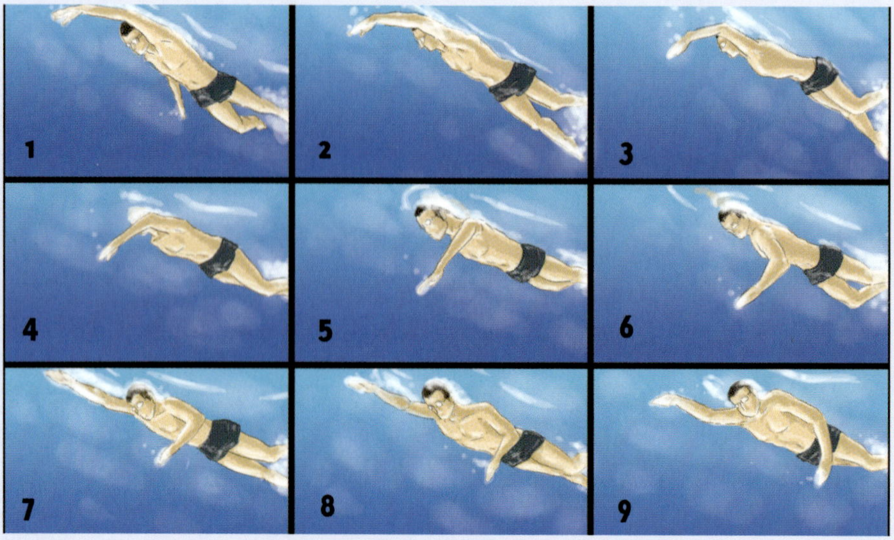

La main avant commence son appui quand la main arrière finit le sien. Le nageur est presque toujours en appui sur l'eau, ce qui limite considérablement les temps morts.

- **Le roulis** du bassin est relativement limité (mais pas nul loin de là). Le nageur génère la puissance principalement avec le haut du corps (roulis des épaules de bas en haut mais aussi d'avant en arrière). Il utilise ses dorsaux et met à profit la force de gravité de son bras. Les bras étant en opposition, le poids du bras hors de l'eau va aider le bras immergé à avoir plus de force. Alexander Popov excellait dans ce type de crawl. En France, il y a Fabien Gilot.
- **Le battement des jambes** joue un rôle plus ou moins important suivant les capacités du nageur et la vitesse recherchée. Il peut être plus ou moins puissant, en 2 temps ou bien 4 temps voire 6 temps. Au minimum, il aide le nageur à rester bien horizontal avec les jambes et le bassin dans le sillage de la tête.

Il ne faut pas se méprendre sur le rôle du bassin. Bien que celui-ci puisse donner l'impression de rester relativement fixe, des expériences ont montré qu'il ne doit pas rester passif pour autant. Une partie très importante de la puissance de certains nageurs vient de l'engagement des hanches et ceci même lors d'un crawl en opposition. Le bassin peut jouer un rôle actif et contribuer à générer plus de vitesse et de puissance. Le rôle du bassin est encore plus accentué dans la technique de crawl suivante : le crawl en semi-rattrapé ou FQS.

18• LE CRAWL EN SEMI-RATTRAPÉ OU EN *FRONT QUADRANT SWIMMING* (FQS) PARFOIS AUSSI APPELÉ *HIP DRIVEN* (HD)

Ce style de crawl a été révélé au public par les nageurs australiens. Le crawl en semi-rattrapé a deux caractéristiques très particulières.

• La première consiste à avoir, à un moment donné durant le cycle de bras, **les deux mains placées devant la ligne des épaules**. Contrairement au crawl en opposition, les bras ne sont pas synchronisés dans le sens où, alors qu'une main se trouve devant la tête, l'autre main, elle, n'est pas encore derrière la tête. Ainsi, alors que la main arrière commence la phase de retour aérien, la main avant n'a pas encore commencé à exercer une force d'avancement et lorsque la main aérienne va pour pénétrer dans l'eau, l'autre main n'a pas encore passé l'aplomb de la tête du nageur d'où le nom de « crawl en semi-rattrapé ». Il en découle un risque de temps mort puisque, durant une partie du cycle des bras, le nageur n'exerce plus de force d'avancement (mis à part avec son battement). Ce point mort doit donc être compensé par un battement de jambes propulseur qui limite la décélération.

• La seconde caractéristique est la manière dont le bras sous-marin appuie sur l'eau dès le début du cycle : le nageur cherche à avancer son épaule devant lui, puis à plier le bras au niveau du coude pour mettre tout son avant-bras (et sa main) perpendiculaire au mouvement ; il ramène ensuite le bras plié en arc de cercle vers son corps (dans un mouvement s'apparentant à celui du gymnaste qui fait une croix de fer aux anneaux), et donc en gardant le coude haut (c'est-à-dire proche de la surface de l'eau) durant le mouvement sous-marin.

Cette manière de faire s'observe très bien chez le nageur australien Grant Hackett. Cette technique est très efficace car elle maximise la surface d'appui sur l'eau, le temps d'appui et la force générée du fait de l'emploi des muscles dorsaux qui sont particulièrement puissants (plus puissants que ceux de l'épaule seuls). De plus, si le nageur plie le coude très tôt, en appliquant la technique de l'*Early Vertical Forearm* (voir page 155), il ajoute un gain d'hydrodynamisme au gain de puissance.

Décomposition image par image du crawl en FQS

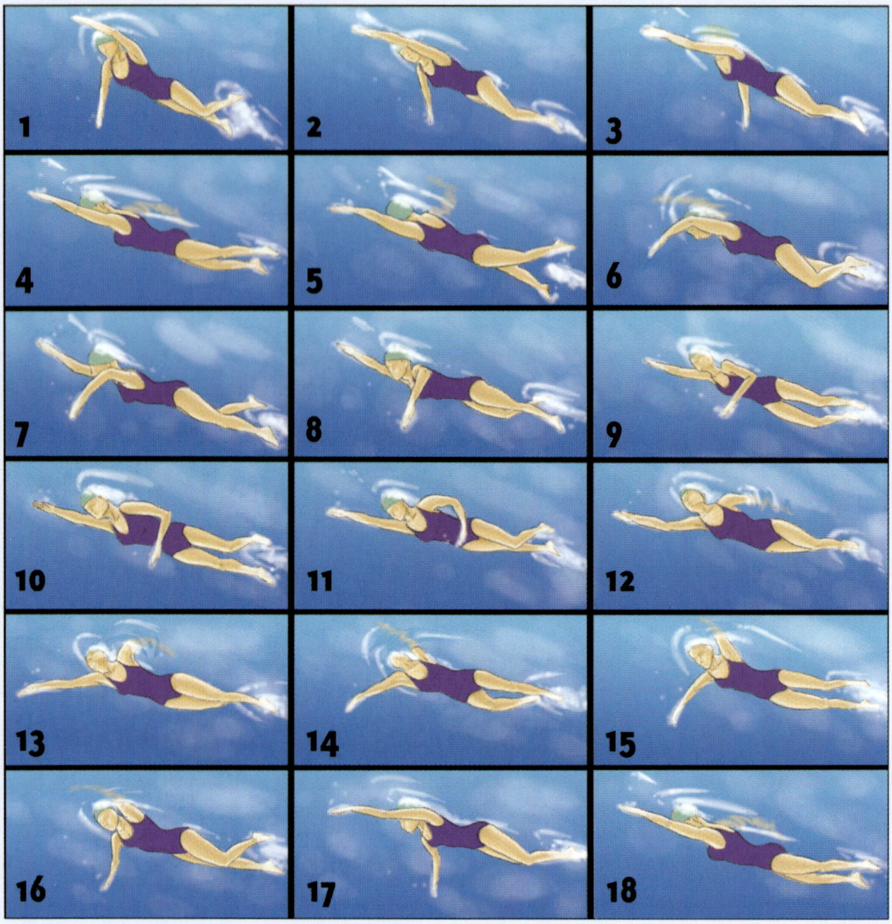

On peut observer que les deux bras se trouvent à un moment donné devant et sous la tête du nageur [*Front Quadrant*]. Arrive le moment où le nageur n'est plus en appui ni sur le bras avant, ni sur le bras arrière [dessin 4]. Cette phase, si elle est très longue, est considérée comme un temps mort [même si à ce moment précis le nageur a la délicieuse impression de se laisser glisser sur l'eau]. Le nageur a tout intérêt à la réduire s'il ne souhaite pas trop décélérer.

Le style FQS est très intéressant car il optimise le temps passé par le nageur dans la position allongée sur l'eau (et en cela **optimise la flottabilité et l'hydrodynamisme**). Il convient particulièrement aux grands gabarits possédant un bon battement de pieds. Pour le nageur moyen, nager le FQS avec des petites palmes permet de se familiariser avec ce style de nage très particulier. Le FQS n'est pas forcément la panacée pour tous les nageurs. Le nageur moyen risque de tomber dans le travers du FQS qui est d'avoir trop de temps morts : ce qu'il aura l'impression de gagner en glisse, il risque de le perdre en vitesse à force d'alterner décélérations et accélérations.

Dans ce type de crawl, les hanches et le bassin ne restent pas à plat sur l'eau, au contraire, le nageur effectue un roulis du bassin en plus du roulis des épaules. Cela lui permet de venir se « poser » sur le côté. C'est la raison pour laquelle on parle de style *hip driven* (en français : guidé par le bassin). Pour être réellement efficace, le style FQS demande un battement de jambes qui va servir à fixer le corps et aussi à limiter le risque de point mort (en faisant en sorte que le nageur ait une vitesse relativement constante sur l'eau en dépit d'une nage qui s'apparente plutôt à du semi-rattrapé). Dans le même ordre d'idée, en général, les nageurs en FQS privilégient l'amplitude à la fréquence. Ce type de nage « allonge » davantage le nageur sur l'eau et à chaque coup de bras, il aura tendance à couvrir plus de distance qu'un crawleur en opposition. La fréquence de sa nage aura tendance à être inférieure à celle d'un crawleur en opposition.

Ces dernières années, le style FQS a eu beaucoup de succès parmi les nageurs de très haut niveau en bassin sur les distances autres que le sprint (200 m, 400 m, etc.). Ce n'est pas le cas semble-t-il en eaux libres où les nageurs et nageuses ont tendance à nager en opposition et avec beaucoup de fréquence. Cela peut s'expliquer par la difficulté de pouvoir bien développer un crawl type FQS avec peu de battements (les nageurs en eaux libres cherchent en général à ne pas générer trop de puissance avec leurs jambes car l'effort est de longue durée et l'eau souvent agitée du fait des vagues créées par le vent et des remous causés par les autres nageurs).

J'ai pu constater que les nageurs moyens qui se mettent à nager en FQS prennent plus de plaisir à nager, mais perdent souvent en performance. Cela leur permet de réduire le nombre de coups de bras à chaque longueur, mais en même temps, cela crée trop de temps morts dans leur nage. Ce sont ces temps morts qui expliquent cette baisse de performance. J'approfondirai cela au point 28.

19• LE CRAWL GUIDÉ PAR LE CORPS ENTIER [*BODY DRIVEN* (BD)]

C'est le style des nageurs qui crawlent avec un retour aérien bras tendu (par exemple Janet Evans, Michael Klim, Stefan Nystrand). Le fait d'avoir le bras tendu oblige le nageur à engager tout son corps dans le mouvement, bassin inclus (plus ou moins suivant son degré de souplesse de l'épaule).

La puissance vient avant tout de l'accélération du corps dans le mouvement. On peut retrouver ce style à la fois sur les distances de sprint mais également de demi-fond en bassin et en eaux libres (1500 m et plus). Ce style de nage requiert de la tonicité de la part du nageur plutôt que de la force pure, et aussi des capacités aérobies et de nage à fréquence élevée.

Le battement reste très peu propulsif dans ce style de crawl où la traction des bras est quasiment continue.

20• LE MÉLANGE DES STYLES

Dans la natation moderne, certains nageurs mélangent les styles.

Certains alternent les styles selon le côté : ils alternent un style *hip driven* (page 77) avec le bras droit par exemple et un style *body driven* (page 80) avec le bras gauche.

Michael Phelps en est un exemple (sur 200 m) mais aussi James Magnussen (sur 100 m). Leur nage est asymétrique dans le sens où ils ne mettent pas le même temps pour réaliser un cycle du bras gauche et un cycle du bras droit. Lors de la phase de respiration, ils cherchent à allonger au maximum pour gagner en amplitude alors que, de l'autre côté, il se contente d'un mouvement plus rapide. Cette différence de rythme est très courante en cas de respiration à 2 temps. Ce n'est pas un défaut mais une caractéristique de leur nage. Il est intéressant de remarquer que cette différence de style se traduit souvent également par une asymétrie entre la trajectoire de la main droite et celle de la main gauche.

Il n'est pas rare qu'un nageur mélange les styles durant une épreuve. Suivant le gabarit et les capacités du nageur, un style lui conviendra mieux qu'un autre. Pour optimiser sa nage, il faut considérer le rapport fréquence/nombre de coups de bras. Si en nageant en FQS, on met moins de coups de bras qu'en opposition, mais que la fréquence des bras baisse, il n'y aura pas forcément de gain de vitesse.

Il faut remarquer que, dans tous ces différents styles (*shoulder driven*, *hip driven*, et *body driven*), les principes d'un bon catch ne changent pas vraiment (lire page 62 le point 13).

21• LE CRAWL FAÇON *TOTAL IMMERSION*

Ce style de crawl n'est pas utilisé en compétition en bassin. Il s'inspire du crawl en semi-rattrapé (FQS). Il implique un fort roulis du corps entier. La propulsion vient principalement de la conversion du poids du nageur qui passe d'un côté sur l'autre, en force d'avancement.

Ce style de crawl se caractérise aussi par la glisse du bras et de la main avant, ce qui est appelé « *skate* » dans cette méthode. Cette manière de glisser d'un côté puis de l'autre fait un peu penser au ski de fond de type *skating* justement. L'idée sous-jacente au *skating* est la recherche d'amplitude et d'hydrodynamisme : le nageur va chercher à percer l'eau et s'engouffrer dans le trou ainsi formé. L'idée semble intéressante mais d'un point de vue physique, le gain me semble-t-il rester à prouver car compte-tenu de la densité de l'eau, le nageur se freine énormément. Il n'empêche que ce style de nage est agréable à pratiquer et peut procurer un vrai plaisir. Les très bons nageurs pourront l'adopter comme un éducatif.

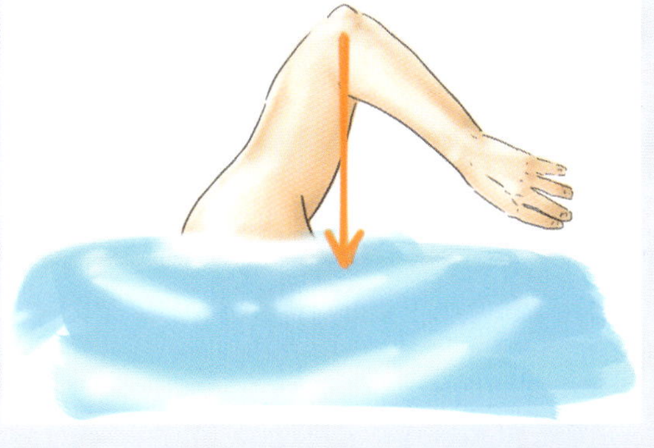

Le coude se déplace dans un plan vertical proche de la tête du nageur.

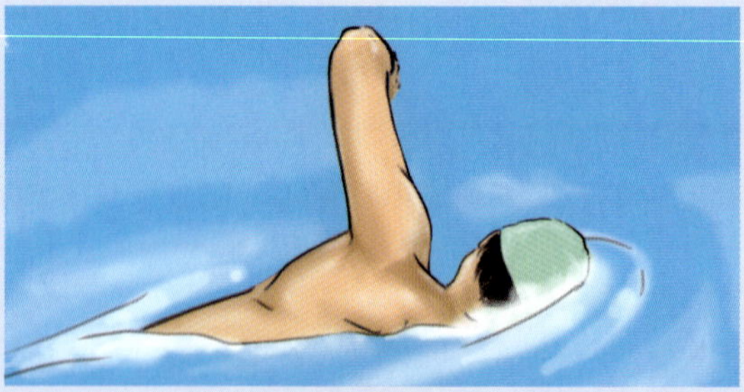

Le coude est bien positionné à la verticale au-dessus de la tête.

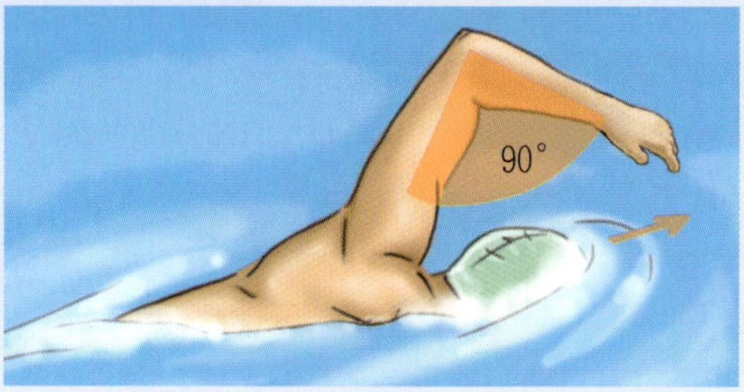

Particularité : la main entre dans l'eau avec le coude très fléchi (90°).

Particularité : crawl en semi-rattapé très marqué, la main entre près de la tête.

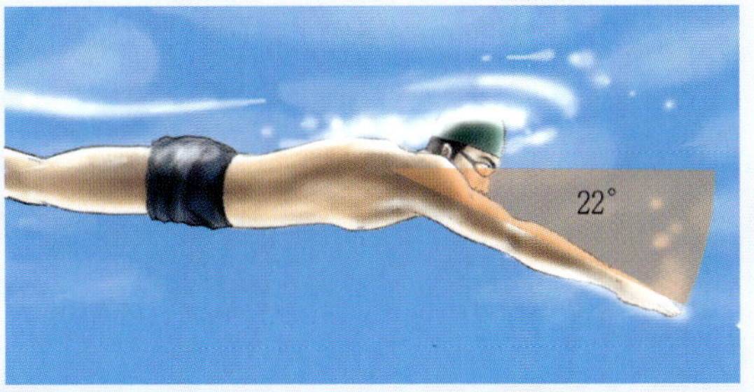

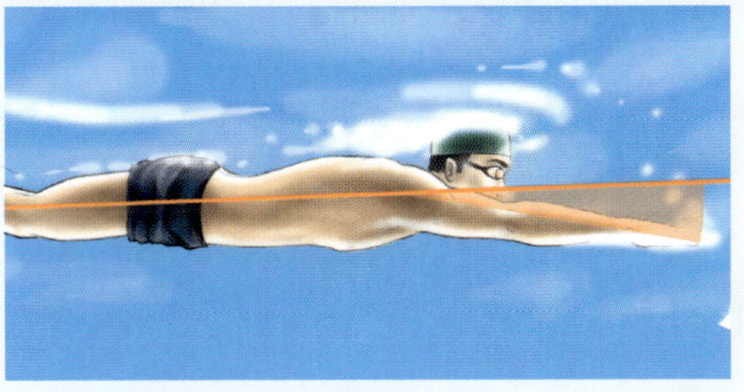

Particularité : la prise d'angle du bras est importante lors de l'entrée de la main dans l'eau (22° en crawl *Total Immersion*) à comparer à un allongement du bras plus proche de la surface sur l'image suivante.

Cette prise d'angle du bras augmente la surface de résistance frontale du nageur durant la phase d'extension du bras vers l'avant. L'eau vient heurter le biceps du nageur. En contrepartie, le bassin et les jambes du nageur viendront se placer plus facilement dans son sillage.

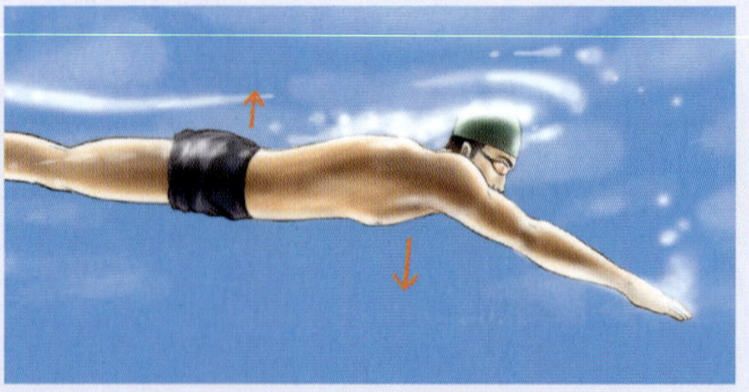

L'avantage de cette prise d'angle du bras est qu'elle permet au bassin de remonter vers la surface par un simple jeu d'équilibre.

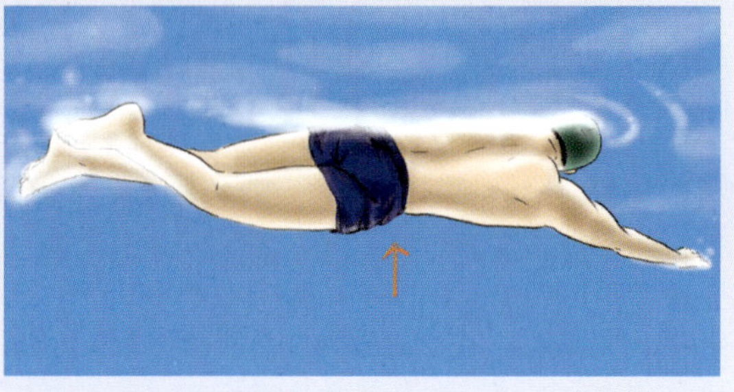

Le roulis du bassin est très marqué.

En crawl *Total Immersion*, l'aspect *skating* a des inconvénients dès que l'on cherche à nager plus vite. En effet, comme cela a été dit précédemment au sujet du trajet aérien du coude, l'avantage du crawl est de permettre un retour aérien de la main hors de l'eau avec un trajet en arc de cercle (lire page 69). Ce retour aérien demande peu d'effort, la main et le bras se déplaçant dans l'air.

En crawl façon *Total Immersion*, la main rentre dans l'eau près de la tête (le trajet aérien est très bref) pour ensuite s'étendre loin devant dans ce mouvement de *skating*. Il peut donc y avoir une réelle perte d'efficacité, le mouvement sous l'eau étant beaucoup moins intéressant que le déplacement hors de l'eau tant en termes d'amplitude que de niveau d'effort.

Le nageur a toujours intérêt à parcourir le maximum de distance avec sa main hors de l'eau plutôt que sous l'eau. Le crawl façon *Total Immersion* devient donc vite contreproductif dès que l'on atteint une certaine vitesse. C'est très probablement la raison pour laquelle on ne voit aucun nageur de haut niveau pratiquer ce style de crawl en compétition.

22• QUEL STYLE DE CRAWL CHOISIR ?

Le style de crawl dépend avant tout du nageur et de ses objectifs. Les différents types de crawl que je viens de décrire sont des classifications forcément simplificatrices.

À chacun de trouver son style.

- **Le crawl en opposition** est le crawl « tout terrain ». Il est adopté par les nageurs de tout gabarit et de toute taille. Il ne nécessite pas d'avoir un battement très puissant puisque, lorsqu'une main sort de l'eau, l'autre commence son action sous l'eau. Il s'accommode bien d'une haute fréquence de bras. Pour cette raison c'est le crawl que l'on rencontre le plus fréquemment en eaux libres, en triathlon, mais également sur les épreuves de vitesse (sprint, 50 m ou 100 m). Le crawl en opposition a l'avantage de donner beaucoup de puissance au mouvement. En crawl FQS, lorsque le bras du dessus revient vers l'avant, le bras du dessous marque un temps d'arrêt, ce qui oblige durant cette phase à compenser avec le battement de jambes pour éviter une trop grande décélération.
- **Le crawl FQS** est devenu le style majoritairement pratiqué par les champions à partir du 200 m au 1 500 m. Il existe toutefois des exceptions notables : Laure Manaudou par exemple, utilisait un crawl en opposition avec un battement 2 temps. Nous avons vu que le crawl FQS a un timing très particulier qui comprend une phase durant laquelle le nageur n'est pas en appui sur l'eau avec l'une de ses mains. Dès lors, pour rester efficace, le nageur doit compenser par un battement propulsif qui va lui permettre de maintenir une vitesse linéaire. Ce style de crawl est particulièrement intéressant pour les nageurs de grande taille, ayant un battement puissant et qui sont endurants. Pour le commun des amateurs, trouver les sensations de ce crawl FQS nagé par les champions (Grant Hackett, Ian Thorpe, etc.) nécessite d'enfiler des palmes malheureusement. Toutefois, il arrive qu'un nageur, même s'il n'a pas un battement puissant mélange naturellement le style FQS et le style en opposition, surtout en respiration en 2 temps.

Certains nageurs ont tendance à mettre cet affaissement sur le compte d'un manque de gainage (c'est-à-dire d'un manque de tonus musculaire au niveau des lombaires et des abdos) qui ferait que le bas du corps s'affaisserait, comme si le fait de nager le ventre contracté permettait de garantir une bonne horizontalité. Ce n'est en général pas le cas. Le gainage permet une meilleure tenue du nageur dans l'eau, mais ne garantit pas l'horizontalité. On peut parfaitement nager gainé avec le bassin et les jambes qui traînent, agissant comme une ancre pour le nageur.

Autre explication avancée par certains nageurs : *j'ai des jambes tellement musclées qu'elles m'attirent vers le fond !* Ce serait une mauvaise nouvelle pour les cyclistes et les coureurs à pied qui voudraient se mettre à la natation ! Les excellents nageurs ont souvent les jambes très musclées. Donc cette explication n'est pas valable !

La solution ? **Travailler son équilibre horizontal**. En prenant conscience de son équilibre dans l'eau, notamment par le placement de sa tête, ses épaules, ses bras, ses mains, sa cage thoracique, le nageur va apprendre à maîtriser l'horizontalité. Un peu comme le funambule apprend à marcher sur un fil. Cela demande un réel travail. L'utilisation systématique du pull-buoy ne fait que retarder cette maîtrise de l'horizontalité.

Pour travailler son équilibre horizontal, il faut utiliser un pull-buoy naturel : ses bras. Voici deux éducatifs pour vous en convaincre.

EXERCICES

• Allongé dans l'eau sur le côté, le bras du dessus le long du corps, en avançant en battement de pieds, allongez le bras du dessous devant vous en faisant varier l'angle de votre bras avec la surface, autour de 45° (l'épaule bien proche du menton et la tête vers le fond du bassin). Vous allez voir qu'en faisant varier l'angle de votre bras sous-marin, votre bassin sera plus ou moins horizontal. Normalement, plus vous pointerez la main vers le fond, plus vos jambes et votre bassin auront tendance à remonter à la surface.

• Même chose, mais cette fois en nageant le crawl en nage complète. Au lieu d'allonger le bras, droit devant vous, prenez un peu d'angle. Cela va vous aider à garder le bassin plus haut ; vous perdrez peut-être un peu en allonge mais si vous avez tendance à avoir le bassin et les jambes qui traînent, cette prise d'angle vous permettra d'être moins fatigué et d'enchaîner les longueurs plus facilement. Au fur et à mesure de vos progrès, vous pourrez réduire cet angle pour conjuguer amplitude et horizontalité. Au début, vous pouvez faire cela en semi-rattrapé (c'est-à-dire que vous gardez le bras allongé devant vous alors que l'autre bras revient devant). Faites la même chose en enfonçant plus ou moins votre cage thoracique (et surtout la partie autour du sternum). Pour plus d'explications, lire page 32. Ne reprenez le pull-buoy qu'une fois que vous aurez bien maîtrisé l'horizontalité, l'une des clés d'un bon crawl.

24• FAUT-IL NAGER TOUJOURS AU MÊME RYTHME ?

La natation a été sans doute l'un des premiers sports où les entraîneurs ont compris l'importance de varier le contenu des séances d'entraînement pour arriver à des progrès plus rapides.

Pour qui veut progresser, se contenter de nager sans s'arrêter pendant toute la séance c'est bien, mais cela mène à un plafond. S'il désire continuer de progresser, le nageur devra intégrer d'autres types d'entraînement.

Schématiquement, on peut catégoriser 7 axes de développement.

- **Développer son endurance :** pour cela, il s'agit de nager de manière ininterrompue ou bien avec des phases de repos très courtes [par exemple 500 m non stop ; pyramide (lire page 157) ; fractionné long avec un court repos de quelques secondes]. Le niveau d'effort doit être faible sans essoufflement. Cela va permettre de développer avant tout le système cardio-vasculaire.
- **Développer l'efficacité de sa nage :** ce type d'entraînement consiste à se chronométrer sur une distance assez longue, par exemple 1 km, 2 km voire plus. Cela permet de vérifier ses progrès et aussi surtout d'accroître sa capacité à tenir l'effort, à avoir une nage efficace et à bon rendement.
- **Développer sa force :** pour cela, le nageur utilisera des accessoires type plaquettes, élastique, ou bien nagera le papillon.
- **Développer sa puissance :** il s'agit pour cela de faire des répétitions d'effort court (de 25 à 50 secondes) avec suffisamment de repos entre chaque effort.
- **Travailler en anaérobie :** à partir d'un certain niveau d'effort, le corps va générer de l'acide lactique en quantité telle que l'organisme ne pourra pas le recycler. Il y aura donc accumulation d'acide lactique et fatigue musculaire. Un certain type d'entraînement permet de s'habituer à mieux gérer une telle situation, par exemple des séquences d'effort supérieures à 75", séries de 150 m à 300 m. Utile par exemple pour s'habituer au départ de compétition en eaux libres.

• **Travailler sa vitesse pure :** ce travail de sprint va consister à accélérer au maximum sur des périodes d'environ 25" avec un temps de repos de 25" voire plus.
• **Les éducatifs :** ils sont utiles pour travailler sa technique, corriger un défaut, parfaire le mouvement.

Suivant l'objectif recherché et la période de l'année en vue d'une éventuelle compétition, le nageur choisira de réaliser un ou plusieurs de ces types d'entraînement durant une séance.

25• FAUT-IL TRACER UN S SOUS L'EAU AVEC LA MAIN ?

Voilà une question récurrente. À ma connaissance, cette histoire de « S » vient d'une constatation faite dans les années 1970 par les entraîneurs, qui avaient remarqué que les meilleurs crawleurs semblaient tracer un « S » avec leur main sous l'eau. Ce « S » n'était donc pas une sensation du nageur, mais plus une constatation réalisée par un observateur extérieur. En fait de « S », il s'agit d'une forme sinusoïdale.

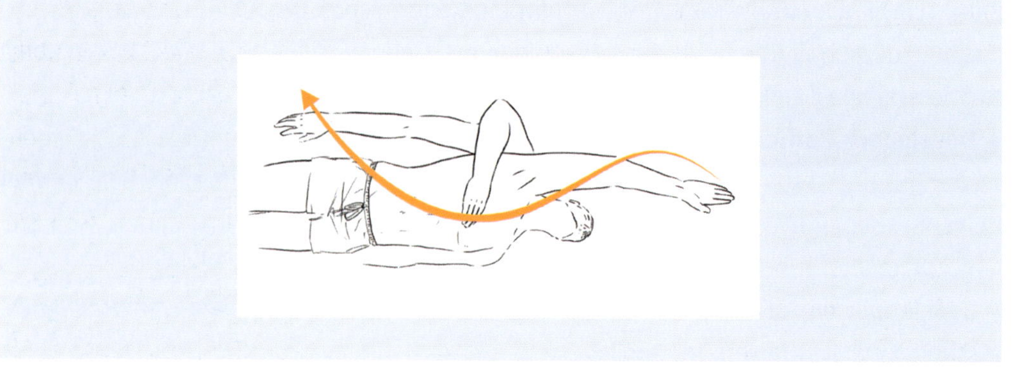

Cette manière de faire a été théorisée dans les années 1970, notamment par James Counsilman, entraîneur du champion olympique américain Mark Spitz, qui était arrivé à la conclusion que la propulsion du nageur découlait avant tout du principe de Bernoulli, principe qui explique le fonctionnement des hélices de bateau. Ainsi le nageur devait chercher à reproduire par une forme en « S » les appuis qu'applique une hélice dans l'eau.

Depuis les années 1970, les recherches ont continué. Elles sont arrivées à la conclusion partagée par la majorité des entraîneurs et champions actuels que ce n'est pas tant le principe de Bernoulli qui génère la propulsion du nageur que le principe d'action/réaction. Ainsi, les crawleurs modernes ont un geste qui accentue un appui très tôt sur l'eau devant la tête (avec le coude cassé), une trajectoire rectiligne qui cherche à pousser l'eau dans le sens opposé au mouvement du nageur et une sortie rapide de la main. En effet, des études ont montré que la force de propulsion de la main, une fois qu'elle a passé la hanche, est négligeable. Il vaut donc mieux décaler le cycle de bras vers l'avant.

Les nageurs modernes tels que Yannick Agnel ou Camille Muffat nagent exactement de cette façon.

Cela dit, même sans trop se préoccuper d'un geste de crawl strictement conforme aux recherches scientifiques les plus récentes (après tout, les nageurs des années 1970 nageaient déjà très vite), vouloir tracer un « S » n'est pas une bonne idée pour les raisons suivantes.

- Si l'on regarde certains dessins illustrant le trajet sous-marin de la main en vue de dessous par rapport au nageur, on peut confirmer qu'on voit bien un « S ». Mais ce « S » est plus une illusion d'optique qu'une réalité pour le nageur. En effet, sur le dessin, le tronc du nageur reste fixe sans roulis. Or, en crawl, ce n'est pas le cas, la ligne des épaules ne reste pas parallèle au fond du bassin.
- Pour un débutant, vouloir tracer un « S » peut tout simplement conduire à de gros défauts dans le mouvement du bras et notamment à enfoncer le coude au lieu de le garder haut.

Si vous vouliez dessiner réellement un superbe « S » avec la main devant vous, vous pourriez parfaitement le faire le bras tendu par exemple, ce qui est exactement ce qu'il ne faut pas faire en crawl.

Cette notion de « S » n'a dès lors pas vraiment de sens ou de réalité. Le « S » est éventuellement une conséquence (pour l'observateur selon d'ailleurs l'endroit où il est placé), mais ne doit pas guider le mouvement de la main.

Plutôt que de vouloir écrire des lignes de « S » à la piscine comme un écolier, il vaut mieux se concentrer sur ses sensations et bien sentir ses appuis sur l'eau tout au long du mouvement sous-marin en cherchant la simplicité !

D'ailleurs, un raisonnement par l'absurde démonte ce mythe du « S ». En effet, si tracer un « S » était vraiment un moyen d'aller plus vite, comment se fait-il que les meilleurs nageurs ne le fassent plus ? Il y a forcément une bonne raison car après tant d'heures passées dans l'eau, il est impossible qu'ils échouent à réaliser ce geste !

26• COMBIEN DE COUPS DE BRAS PAR LONGUEUR ?

C'est une question que l'on me pose assez souvent : *comment savoir si ma technique est bonne compte tenu du nombre de coups de bras dont j'ai besoin pour couvrir une longueur de bassin ?*

D'après les vidéos d'excellents nageurs et d'après ce que j'observe parmi les nageurs de clubs ou dans les bassins aux heures d'ouverture au public, mes conclusions, **strictement empiriques** sont les suivantes, sur la base d'un crawl en endurance, sans forcer le battement, ni la glisse (et non pas sur la base des records nationaux ou mondiaux bien sûr !)

- Niveau national/international : distance par coup de bras = autour de 80 % (+/- 5 %) de l'envergure du nageur.
- Niveau club : distance par coup de bras = autour de 70 % (+/- 5 %) de l'envergure du nageur.
- Niveau amateur bon : distance par coup de bras = autour de 60 % (+/- 5 %) de l'envergure du nageur.
- Niveau amateur moyen : distance par coup de bras = autour de 50 % (+/- 5 %) de l'envergure du nageur.
- En deçà de 50 %, le nageur a certainement de gros défauts techniques à corriger qui limitent son amplitude.

L'envergure du nageur est égale à la distance qui sépare l'extrémité de ses mains, bras tendus à l'horizontale (voir illustration ci-contre).

En général, l'envergure du nageur est très proche de sa taille à quelques centimètres près sauf cas exceptionnels comme Michael Phelps (1,93 m pour 2,01 m d'envergure) et Alain Bernard (1,96 m pour 2,05 m d'envergure).

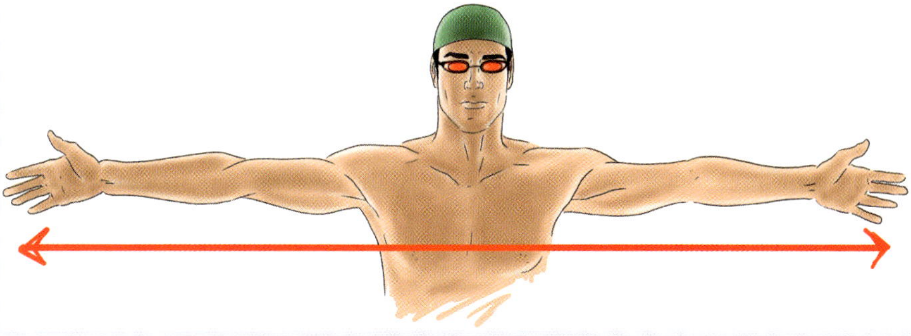

Prenons l'exemple d'un nageur amateur de bon niveau ayant 1,70 m d'envergure. Il est capable de parcourir 25 m en 22 coups de bras environ. Si on enlève une coulée de 3 m au total sur les 25 m de bassin, la distance parcourue par coup de bras est égale à (25-3)/22 = 1 m. Un mètre, cela correspond à environ 60 % de l'envergure du nageur (1,7 x 60 % = 1,02).

Autre exemple, un nageur de 1,90 m d'envergure de niveau club nage sans forcer 25 m en 8 cycles de bras (avec une coulée de 3 m). Un nageur de même taille de niveau national ou international nagera 25 m plutôt en 7 cycles de bras (voire moins).

Tout cela bien sûr est empirique et n'a rien de scientifique mais donne un ordre d'idée. Et quoi qu'il en soit, il y aura toujours des cas particuliers. Les chiffres indiqués ci-contre ne correspondent pas à ce que l'on observe en compétition. En compétition, le paramètre « fréquence » entre en ligne de compte. Il est très difficile de garder son amplitude maximale dès que l'on augmente la fréquence des bras.

Il existe aussi le cas de nageurs amateurs qui, bien que réalisant un nombre de cycles élevé par longueur (plus de 13 cycles par 25 m), compensent leur manque de technique par une très haute fréquence (75 coups de bras/minute voire moins) et arrivent ainsi à nager à une vitesse respectable et longtemps. Je pense en particulier à un nageur qui nage 50 m en 28 cycles de bras en moyenne, mais avec une fréquence de l'ordre de 1 coup de bras toutes les 0,8 seconde. Cette façon de nager lui permet tout de même de parcourir 3 800 m par heure ! Le manque d'amplitude n'est pas donc pas rédhibitoire : il reste toujours la fréquence !

27• COMMENT DOIT SE FAIRE L'ENTRÉE DE LA MAIN DANS L'EAU ?

Il existe 3 règles importantes qu'il faut veiller à respecter s'agissant de l'entrée de la main dans l'eau :

- Il faut pénétrer dans l'eau non pas avec la tranche de la main (par exemple entrée du pouce en premier), mais avec l'ensemble des doigts de face. L'entrée du pouce en premier peut être une source de blessures à l'épaule car elle implique une rotation de l'épaule qui, à force, peut provoquer des douleurs.
- Il faut veiller à ce que la main ne dépasse pas l'axe de l'épaule vers l'intérieur du corps. Un défaut extrêmement répandu est de rentrer la main quasiment devant la tête : c'est « l'idéal » pour que le nageur se tortille.
- La main doit entrer dans l'eau alors que le coude est plié à un angle relativement ouvert (plus de 100°). D'une part cela aide le nageur à gagner en amplitude et d'autre part cela évite de faire pénétrer la main dans l'eau trop près de l'épaule (ou à l'inverse, avec le bras trop à plat qui viendrait battre l'eau).

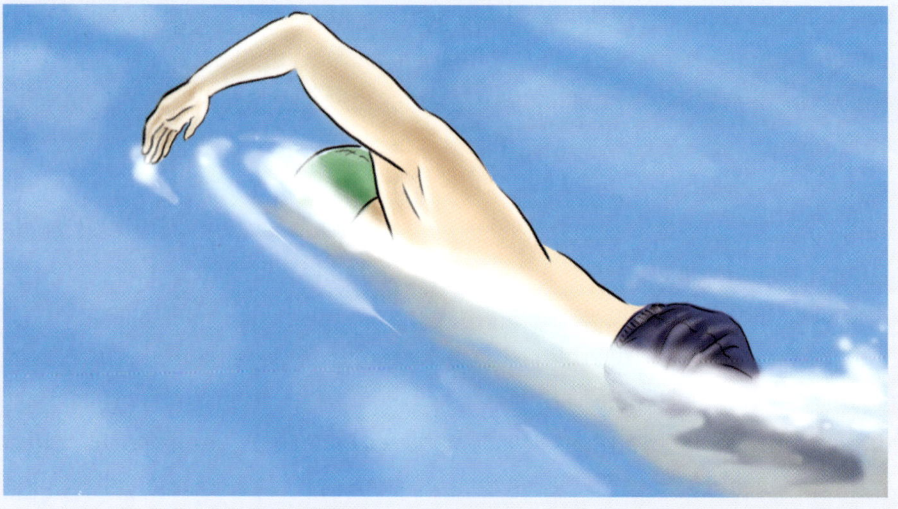

Une belle illustration de l'entrée de la main avec les trois plus grands doigts en premier. La main ne rentre pas par le pouce (ou sur la tranche).

L'entrée de la main avec le coude trop plié (la main entre dans l'eau trop près de l'épaule) n'est pas optimale car le trajet de la main hors de l'eau est raccourci au profit du trajet sous-marin ce qui conduit à plus de fatigue et de frottements. Si vous avez l'occasion d'observer les nageurs autour de vous qui nagent avec amplitude et facilité, vous remarquerez qu'ils tirent profit au maximum du trajet aérien de la main.

De nombreuses blessures à l'épaule (qui est chez les nageurs la zone du corps la plus sujette aux blessures) découlent soit de l'entrée de la main dans l'eau sur la tranche (avec le pouce en premier), soit d'un manque de roulis des épaules, soit des deux.

28• QU'EST-CE QUE LE CRAWL EN FQS ?

FQS est l'abréviation de *Front Quadrant Swimming*. « *Front Quadrant* » désigne la partie avant basse d'un cercle qui aurait pour centre les épaules du nageur.

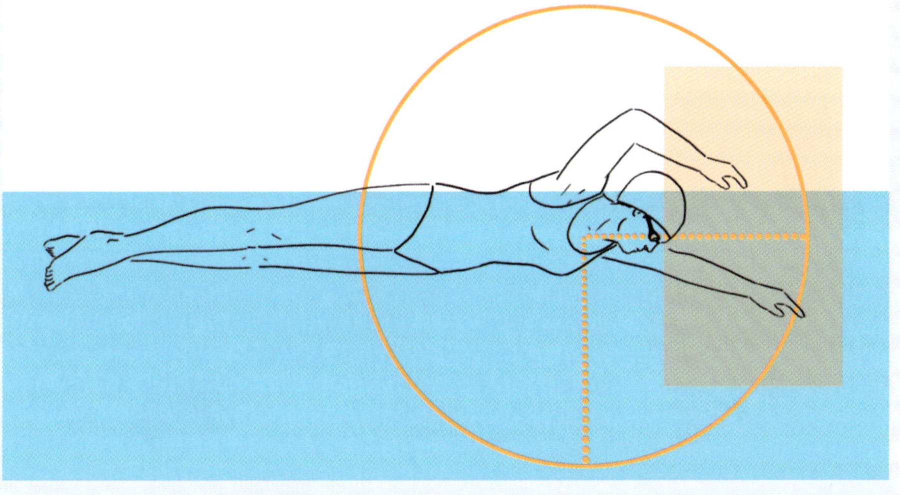

La zone du « *front quadrant* » se situe dans le quart de cercle placé en bas et devant le nageur. En crawl semi-rattrapé (ou FQS), les deux mains se trouvent ensemble durant un instant du cycle de bras dans cette zone. En crawl en opposition, les deux mains ne se trouvent jamais en même temps dans cette zone.

« *Front Quadrant Swimming* » désigne un style de crawl dont la caractéristique est la suivante : lorsqu'une main entre dans l'eau, l'autre main se situe encore dans le « *Front Quadrant* » du nageur. Pour schématiser, le nageur a un bras qui attend devant que l'autre soit presque arrivé pour repartir. En français, on parle de crawl semi-rattrapé.

Dans le crawl dit classique, les bras fonctionnent en opposition, où lorsqu'une main entre dans l'eau, l'autre main est déjà bien derrière la tête du nageur en train de finir son trajet vers l'arrière.

Tout ceci étant dit, quel est l'intérêt de nager en FQS ?

La beauté principale du FQS réside dans sa manière d'optimiser et de faciliter l'horizontalité du nageur.

L'équilibre (ou la plupart du temps le déséquilibre) horizontal du nageur est la résultante de deux forces opposées : d'un côté, la force de gravité qui entraîne le nageur vers le fond et de l'autre côté, la poussée d'Archimède qui porte le nageur vers la surface. Le problème est que ces deux forces ne s'appliquent pas au même endroit et plus la distance entre les points d'application de ces deux forces est grand, plus l'équilibre est difficile à maintenir (en clair, plus le bassin et les jambes plongent vers le fond).

En revanche, plus les points d'application de ces deux forces sont rapprochés (plus le centre de gravité est proche du centre de flottabilité) et plus le bassin et les jambes flottent bien. C'est pour cette raison que lorsque l'on fait la planche sur le dos, on flotte beaucoup mieux et plus longtemps avec les bras étendus derrière la tête qu'avec les bras le long du corps.

C'est exactement la même chose en crawl FQS. En augmentant le temps durant lequel le nageur a les deux bras à l'avant du corps (devant la tête), le crawl FQS permet au nageur de garder son centre de gravité plus proche du centre de flottabilité qu'en crawl en opposition. Dès lors le maintien du bassin et des jambes haut sur l'eau est plus facile et améliore l'hydrodynamisme.

Est-ce le seul avantage du FQS ?

Non, il y en a au moins un autre qui explique d'ailleurs pourquoi les très bons nageurs nagent aussi dans une certaine mesure en FQS alors qu'ils maîtrisent parfaitement leur horizontalité. Le FQS permet de limiter la vague d'étrave qui freine le nageur. La vague d'étrave est cette vague qui se crée juste à l'avant d'un navire, au bas de la proue. Cette vague a un effet ralentisseur. Pour contrer ce phénomène, certains navires possèdent d'ailleurs un bulbe d'étrave.

Le fait pour le nageur de garder le bras devant lui alors que l'autre bras le propulse remplit la même fonction qu'un bulbe d'étrave. Cela lui permet de nager plus vite.

Les écueils à éviter en FQS

- Le timing en FQS, c'est-à-dire le dosage du temps passé avec le bras allongé devant soi, est primordial. En effet, la tendance en FQS est de vouloir augmenter son amplitude en augmentant la phase de glisse. Cela part d'un bon raisonnement : plus l'amplitude est grande, à fréquence égale, et plus le nageur nage vite.

Malheureusement travailler ainsi peut s'avérer contreproductif. Pourquoi ? Glisser de la sorte n'aboutit qu'à décélérer dans l'eau, ceci du fait de la très grande densité de l'eau (plus de 800 fois supérieure à celle de l'air). Il faut donc ré-accélérer à l'issue de chacune des phases de glisse. Or cela demande beaucoup plus d'énergie d'accélérer que de maintenir sa vitesse. Pour répondre à cette demande accrue d'énergie, le nageur va devoir augmenter son effort, avec le risque de se contracter en forçant avec les bras (alors que c'est le relâchement que l'on doit rechercher) et bien entendu de plus se fatiguer et s'essouffler.

La brasse a cette particularité que le trajet de retour du bras se fait sous l'eau. C'est pour cela que la brasse est la nage la plus lente des quatre nages. Celui qui nage le crawl en FQS avec beaucoup de glisse a tendance à faire parcourir à son bras une distance importante devant lui sous l'eau ; c'est donc, d'une certaine façon, ajouter au crawl, une partie de l'inconvénient de la brasse.

- On ne peut pas augmenter son amplitude indéfiniment. Si l'on veut nager vite, il faut bien aussi pouvoir augmenter sa fréquence. Concilier FQS et fréquence est souvent délicat, car il y a une certaine antinomie à vouloir garder le bras longtemps devant soi et vouloir augmenter son nombre de cycles de bras par minute. D'ailleurs, l'expérience montre que les nageurs adeptes du FQS ont généralement une fréquence plus faible que ceux qui nagent en crawl en opposition.
- En FQS, il y a une asymétrie dans le timing des bras. En crawl en opposition, lorsque le bras du dessous pousse l'eau, le bras du dessus revient vers l'avant. Cette symétrie facilite l'engagement de toute une série de muscles (principalement ceux du haut du

dos) dans la génération de la puissance. En FQS, lorsque le bras du dessus revient vers l'avant, le bras du dessous reste plus longtemps allongé et ne revient vers l'arrière que tardivement. Cette asymétrie réduit l'engagement des muscles. Le nageur qui possède un bon battement, utilise alors ses jambes pour éviter la perte de puissance durant cette phase. Mais pour le nageur qui ne peut ou ne veut pas utiliser ses jambes, il est évident que le style FQS est moins efficace que le crawl en opposition.

Celui qui veut nager plus vite en FQS doit garder tout cela à l'esprit, sinon il se réserve des moments de solitude et de frustration face à des nageurs nageant avec plus de fréquence et moins d'amplitude. Ainsi le roi des bassins en nombre de coups de bras par longueur peut se trouver fort démuni face à des nageurs dont les styles sont plus en fréquence moins esthétiques mais beaucoup plus efficaces. Pour s'en convaincre, il suffit d'observer une compétition de natation en eaux libres. Vous serez frappé de voir à quelle fréquence élevée les compétiteurs nagent ce genre de course. On est bien loin d'un style en amplitude, en glisse à basse fréquence.

29• FAUT-IL PRIVILÉGIER LA FRÉQUENCE OU L'AMPLITUDE ?

La vitesse en natation est le résultat d'une très simple équation : la vitesse est égale à l'amplitude c'est-à-dire la distance par coup de bras **multipliée** par la fréquence.

V = A x F

Difficile de faire plus simple ! Pourtant c'est une combinaison très difficile à jauger quand on cherche à nager vite. Doit-on rechercher l'amplitude plutôt que la fréquence ou bien l'inverse ?

L'idéal est de trouver le bon compromis entre amplitude et fréquence. Voici les enseignements que l'on peut tirer de cinq constatations.

- **Première constatation :** le nageur le plus **rapide** est généralement celui qui a la meilleure amplitude. C'est une règle généralement vérifiée bien qu'il existe des contre-exemples notoires (Janet Evans par exemple) et qui concernent plutôt les nageurs de type *body driven*. Attention : il ne faut pas confondre glisse et amplitude qui sont deux choses bien différentes (lire page 49).
- **Deuxième constatation :** le nageur qui a la meilleure amplitude a le meilleur **battement**. Le rôle des jambes est en effet important dans la recherche d'amplitude (surtout au regard de la constatation suivante).

- **Troisième constatation :** à trop vouloir rechercher l'amplitude, on génère des **temps** morts dans la nage qui sont préjudiciables à la vitesse. C'est pour cela qu'une recherche d'amplitude sans battement performant aboutit souvent à une nage beaucoup moins efficace qu'il n'y paraît.
- **Quatrième constatation :** trop de fréquence détériore l'**hydrodynamisme** du nageur et par là même, son amplitude. Plus la fréquence s'élève, plus il est difficile de rester hydrodynamique et de ne pas faire de mouvements parasites.
- **Cinquième constatation :** il n'y a pas de lien direct entre la **fatigue**, la fréquence et l'amplitude. Nager avec une fréquence de bras élevée ne veut pas dire forcément se fatiguer plus qu'avec une fréquence basse : d'abord parce que la fréquence est sans lien avec le niveau d'effort musculaire (un peu comme à vélo, ce n'est pas parce qu'on mouline qu'on se fatigue plus vite, bien au contraire) et que tourner les bras plus fréquemment induit plus de respirations par minute (d'où *a priori* une meilleure oxygénation). C'est d'ailleurs pour toutes ces raisons que, lors des compétitions en eaux libres (et sur des distances plus longues qu'en bassin), les nageurs nagent avec relativement peu d'amplitude et beaucoup de fréquence.

L'amplitude pour l'amplitude est contre-productif : il vaut mieux abandonner l'idée de chercher l'amplitude avant tout ! La fréquence pour la fréquence n'est pas non plus une bonne solution, car il faut bien tirer parti de l'amplitude de la nage, mais raisonnablement.

En conclusion, je conseille plutôt de chercher à garder une fréquence décente et à ne pas descendre en-deçà de un coup de bras par seconde. Cela permet de garder un bon élan, une bonne dynamique dans la nage et évite les temps morts ; pour ceux qui ont un battement inefficace (ou qui veulent simplement reposer leurs jambes), opter pour un travail en fréquence sera sans doute plus payant (à tester bien sûr).

Déterminez votre rythme le plus efficace

Nous avons vu que l'augmentation de la fréquence n'est pas toujours corrélée avec une augmentation du niveau d'effort, ni même d'ailleurs avec une augmentation de la vitesse. Pour s'en convaincre et parvenir à déterminer son rythme efficace, l'entraîneur australien Paul Newsome (fondateur du site www.swimsmooth.com) utilise la notion de « *sweet spot* ».

Ce site propose de faire un test, le *Ramp test* qui consiste à augmenter sa fréquence progressivement et à noter l'évolution de la vitesse (ou du temps au 50 m) et du niveau d'effort. Pour cela, il faut se faire aider par un entraîneur ou un partenaire d'entraî-

• Si vous voulez juger de l'amplitude d'un crawleur, faites un arrêt sur image au moment crucial de la poussée : il est fort probable que si son bassin est proche de la surface de l'eau, son amplitude sera grande et inversement.

30• QU'EST-CE QUE LE GAINAGE ?

Le gainage ? Tout le monde en parle au bord des bassins. Mais le fait est que certains ont beaucoup de mal à comprendre ce qu'on entend vraiment par là. La principale raison, à mon avis, vient de la confusion qui existe entre le gainage en natation et ce qu'on appelle les « exercices de gainage ».

Les exercices de gainage consistent principalement à tenir des positions de manière fixe, statique, en contractant les muscles de la ceinture abdominale. Dont acte.

Certains en déduisent que pour nager « gainé », il faut nager les muscles de la paroi abdominale contractés. Ça n'est pas aussi simple.

Si on y réfléchit, nager le crawl a quelque chose de paradoxal :

- d'un côté, en surface, le nageur doit se comporter comme la coque effilée et rigide d'un bateau de course (il doit fendre l'eau) et,
- de l'autre côté, sous l'eau, il doit se comporter comme une pagaie puissante et relâchée.

Le gainage, c'est pour le côté « coque de bateau ». Tout le flanc supérieur du nageur est semblable à une coque. Imaginons un bateau de course au large avec, après une étrave effilée, une partie molle, flasque et distendue. Ce bateau ne serait absolument pas performant.

L'autre flanc, lui, peut se permettre d'être relâché. Quand on entend certains parler de « nager relâché », c'est ce côté que l'on évoque, surtout pas l'autre, celui de la coque.

Être gainé en natation, cela ne signifie pas tant contracter les muscles de la ceinture abdominale que chercher à s'allonger le plus possible en s'étendant le plus possible de la tête au pied. Plutôt que de « contraction », il faudrait parler « d'extension » (bien qu'il soit vrai que, pour s'étendre, il ne faut pas se détendre).

Au moment où votre bras s'allonge droit devant et la jambe s'étire vers l'arrière avec toute la ceinture abdominale tendue, il faut imaginer que vous mesurez « 3 mètres » (comme le Duc de Guise qui était encore « *plus grand couché que debout* »). Et pour atteindre ces 3 mètres, il faut s'étirer vers l'avant, mais également vers l'arrière. À ce moment-là, si l'extension est bien réalisée, on doit véritablement se sentir porté par l'eau.

Gainer doit donc se comprendre comme s'allonger au maximum de manière rigide et tendue. Si vous pensez à nager de la sorte, vous améliorerez très sensiblement la musculature de votre ceinture abdominale. Bien sûr, il peut être utile de compléter ce travail par un renforcement musculaire « à sec » (hors du bassin) en pratiquant des exercices de gainage. Je recommande pour cela la lecture de deux ouvrages de Christophe Carrio : *Sculptez vos abdos* et *Musculation athlétique* (Thierry Souccar éditions).

31• QUELS SONT LES FREINS DU NAGEUR ?

Personne ne s'imagine rouler à vélo tout en appuyant constamment sur les freins ! Cela relèverait de la plus grande imbécilité ! En crawl, c'est beaucoup moins évident ; il existe des « freins » ; on ne les voit pas, bien qu'ils soient le plus souvent très serrés.

Il existe sept freins.

Le manque d'horizontalité

Ne pas garder tout le corps dans le sillage formé par les épaules et la tête agit évidemment comme un frein pour le nageur. S'il est parfaitement horizontal, il génère peu de trainée et toute sa puissance est convertie en amplitude. Je vous renvoie à l'éducatif du requin page 120 pour plus de détails.

La perte d'élan

La décélération et la perte d'inertie et d'élan durant les cycles de bras freinent le nageur. Il faut veiller à nager à allure régulière comme si l'on était porté par un courant ou un tapis roulant, en évitant les à-coups.

L'ouverture d'un espace entre l'épaule et le visage

Cet espace (dès qu'il existe) freine le nageur. Il est important de veiller à le réduire notamment en phase d'inspiration car à ce moment-là il est très courant que la tête se désolidarise de l'épaule : on appuie alors sur le frein.

Le manque de roulis

Un roulis insuffisant des épaules (aussi bien au niveau de l'épaule haute que de l'épaule basse), et le plus souvent du bassin va agir comme un frein. Il faut par conséquent rester très attentif à ce fameux roulis.

L'entrée de la main trop près de la tête.

Si l'on veut avoir une bonne amplitude, il est très important d'amener le coude et la main loin devant la tête, avant l'entrée de la main dans l'eau. Si on raccourcit cette phase, on augmente les frottements dans l'eau et on perd en amplitude.

La paume de la main qui vient heurter l'eau

La pénétration de la main dans l'eau doit créer le moins de turbulences possible. Lorsqu'on étend le bras devant soi et que la main pénètre dans l'eau, on doit exercer une pression sur l'eau la plus faible possible.

Il ne doit pas y avoir de prise d'angle fermé vers la surface avec la main redressée. C'est un défaut très fréquent chez de nombreux nageurs qui d'ailleurs ne s'en rendent pas compte. Ils ont ainsi tendance à pointer plus ou moins la main vers la surface une fois le bras allongé devant eux ; l'eau vient donc heurter la paume de leur main et le dessous de l'avant-bras.

Allonger la main en direction de la surface génère une surface de frottement qui ralentit le nageur.

Le battement de pied trop large ou mal réalisé

Faire sortir les jambes du sillage du corps est aussi un frein. Quand la technique est moyenne ou hésitante ou que le nageur est fatigué, on nage avec plusieurs de ces freins bien serrés (voire même avec tous). Avant de penser à améliorer la force de propulsion, il est important de d'abord penser à lâcher ces freins les uns après les autres.

En résumé : les principaux freins du nageur

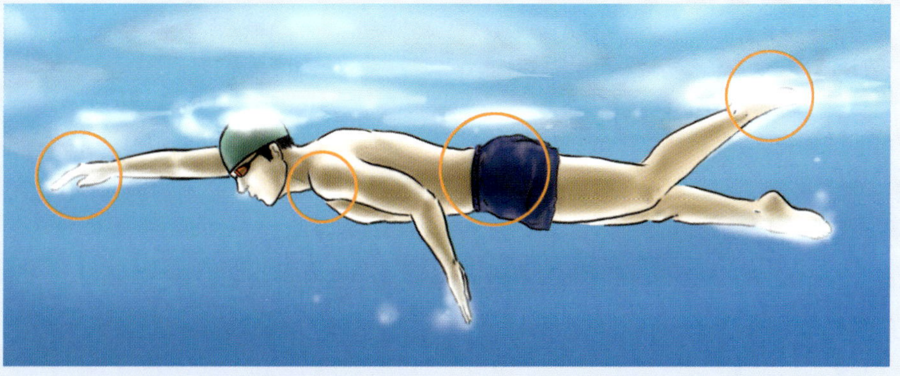

- **La main et le bras qui s'étendent vers la surface.**
- **Un mauvais placement de l'épaule ou une épaule trop écartée du visage.**
- **Le bassin qui plonge.**
- **Un battement trop large qui sort trop du sillage du nageur.**

32• FAUT-IL VRAIMENT BAISSER LA TÊTE OU BIEN LA RELEVER ?

C'est une question assez récurrente. Le plus souvent, on conseille au nageur débutant de mettre sa tête dans une position « neutre » c'est-à-dire dans une position similaire à celle qu'on a quand on marche : le menton n'est ni redressé, ni collé contre le cou.

Il n'empêche que quand on regarde les très bons nageurs en vidéo ou en photo, certains nagent avec la tête légèrement redressée, regardant dans une plus grande mesure vers l'avant. Alors la question se pose : comment faut-il placer sa tête ?

Il y a trois éléments à prendre en compte pour répondre à cette question.

La résistance frontale

Il faut toujours veiller à avoir la surface frontale la plus réduite possible. Toutefois, que l'on ait la tête en position neutre ou très légèrement relevée, il est vrai que cela ne change pas grand-chose.

L'équilibre horizontal

Le fait de relever la tête peut pour certains (et principalement ceux qui manquent de souplesse dorsale) avoir pour effet de faire plonger le bassin. Faites le test : debout tendre les bras en l'air près du menton et lever les yeux peu à peu pour regarder au plafond. Suivant votre degré de souplesse, vous allez sentir votre dos et surtout le bas du dos commencer à tirer. C'est justement ce genre de position qu'il faut éviter en crawl. À trop vouloir relever la tête, on va se retrouver dans une position contreproductive, contraire au relâchement que l'on doit rechercher en nageant. On risque alors d'engendrer des douleurs lombaires ou cervicales.

Le confort

Il faut se sentir bien dans l'eau, relâché. Les tensions dans la nuque ou le dos sont à éviter, il est donc important d'adopter une position de tête confortable.

Il vaut mieux dans ce cas veiller à garder une position de tête neutre en levant les yeux éventuellement pour voir un peu devant soi.

En piscine, regarder le fond du bassin à l'aplomb de la tête peut s'avérer intéressant pour bien voir les lignes (ou carreaux) au fond du bassin qui servent de repère visuel pour apprécier sa vitesse. Il faut bien sûr changer de temps en temps l'angle de son regard pour voir les obstacles arriver. L'idéal est donc d'apprendre à maîtriser de légers changements de position de tête sans pour autant se déséquilibrer.

Ne pas oublier dans le même temps le placement de l'épaule qui doit venir près du menton. Le fait de mettre la tête en position neutre ne doit pas conduire l'épaule à venir se placer contre l'oreille. C'est un défaut assez fréquent et il entraîne une perte d'hydrodynamisme. Je le répète, **l'épaule doit se placer contre le menton**.

Question subsidiaire : mais alors comment se fait-il que de très bons nageurs relèvent très fortement la tête ? Ils nagent (très) vite et durant relativement peu de temps. Le fait de nager (très vite) produit un déjaugeage naturel un peu comme un bateau hors bord qui se redresse sous l'effet de la vitesse.

Le redressement de la tête chez les très bons nageurs relève du même mécanisme. La question de la souplesse est totalement secondaire pour eux car justement ils sont devenus extrêmement souples à force d'entraînements. De plus, à vitesse très élevée, la durée de leur épreuve est forcément relativement courte (quelques minutes) donc la question de la fatigue du cou ou des cervicales est, elle aussi, secondaire.

En conclusion, c'est à chacun de trouver la position de tête la plus confortable. Dans le doute, et au début, optez plutôt pour une position neutre.

33• FAUT-IL AVOIR UN RETOUR AÉRIEN BRAS TENDU OU BRAS PLIÉ ?

Un certain académisme conseille de bien **plier le bras** lors du retour aérien. Les avantages sont les suivants :

- **Une économie d'énergie**

Normalement cela demande moins d'effort de ramener le bras coude plié que tendu. Le fait de plier le bras change la répartition des masses (les masses sont plus proches de l'axe de rotation) ce qui explique que le geste demande un moindre d'effort. Le bras a une trajectoire plus rapide à niveau d'effort égal. Enfin, cela facilite le relâchement musculaire du bras lors du retour aérien, ce qui réduit l'effort du nageur durant cette phase.

- **Moins de risque de godiller**

Le coude plié permet de garder le coude plus près de l'axe du corps. Cela évite notamment au nageur de s'éloigner de sa trajectoire. Tout mouvement qui dévie nécessite de la part du nageur un mouvement opposé pour éviter au corps de partir sur le côté. Ces mouvements parasites sont contreproductifs.

- **Un geste moins traumatisant pour l'épaule**

Le coude plié convient mieux à l'épaule car l'articulation de l'épaule a une amplitude relativement limitée quand il s'agit de ramener le bras tendu de l'arrière vers l'avant. Plier le coude est donc plus compatible avec notre anatomie.

Toutefois, **un retour aérien bras tendu** a aussi des avantages.

• **Plus de puissance**
Le fait de garder le bras tendu génère plus de force car la masse déplacée loin de l'axe de rotation est plus importante. La force d'inertie est plus importante, ce qui peut permettre d'accroître la puissance du nageur.
• **On profite davantage du roulis**
Garder le bras tendu peut obliger le nageur à mobiliser son corps entier dans le roulis pour compenser le manque d'amplitude arrière de l'épaule (c'est spécialement le cas d'un crawl *body driven*), cela justement pour que le coude reste près de l'axe du corps afin d'éviter au nageur de godiller. D'ailleurs, certains entraîneurs recommandent des éducatifs avec retour aérien bras tendu pour apprendre le roulis.

Donc là encore pas de dogme ! On peut tester les différents gestes et choisir celui avec lequel on se sent le plus à l'aise, celui qui confère la position la plus confortable ou le plus de puissance et qui est le mieux adapté à la vitesse du nageur.

34• POURQUOI VEILLER À GARDER LE COUDE HAUT SOUS L'EAU ?

En crawl, il est conseillé de garder le coude haut lors du trajet sous-marin. C'est vrai également en papillon et en brasse. En dos crawlé, c'est évidemment l'inverse, le coude doit rester plus bas que la main (pourtant de nombreux débutants font le contraire !).

Il existe deux raisons principales à cela.
• La première et la plus évidente, c'est que cela permet d'avoir **un appui plus grand** et plus long. Si l'on assimile le bras à une rame avec laquelle le nageur se propulse, il est clair que plus la rame peut déplacer d'eau dans le sens contraire au mouvement, plus le nageur ira vite (en vertu de la simple loi physique de l'action/réaction) : « *Tout corps A exerçant une force sur un corps B subit une force d'intensité égale, de même direction, mais de sens opposé, exercée par le corps B* ».

En gardant le coude haut, le bras du nageur se place très tôt de manière perpendiculaire au mouvement ; c'est autant de forces générées dans le bon sens qui vont propulser le nageur vers l'avant.

Si le nageur ne garde pas son coude haut, pendant toute la première partie de son cycle sous-marin, il ne va pas déplacer l'eau vers l'arrière, mais vers le fond puis de trois quarts. Cela réduira d'autant sa force de propulsion.

• La seconde raison échappe assez souvent aux nageurs et a trait à **l'hydrodynamisme**. En natation, l'ennemi premier du nageur, c'est sa surface frontale. Plus la surface frontale du nageur est réduite, meilleure sera sa pénétration dans l'eau. Or garder le coude haut, dès le début du mouvement sous-marin, a pour conséquence immédiate de réduire cette surface frontale. Cela lui permet de garder ses biceps et triceps plus horizontaux que s'il ne pliait pas le coude. Ainsi, en début de cycle, la surface frontale de son bras se trouve réduite à la surface de son avant-bras.

Pour rendre plus facile ce mouvement très particulier, il y a un petit truc qui consiste à effectuer une rotation interne du bras lors de l'extension du bras, en tournant donc son coude vers l'intérieur mais sans tourner la main. Grâce à cette rotation, la paume de la main vient se placer au-dessous du coude. L'avant-bras se place à la verticale. Au contraire, si on laisse s'affaisser le coude, dès que l'on plie l'avant-bras, le coude plonge et l'appui du bras sur l'eau devient inefficace. Le bras passe alors à travers l'eau sans exercer la pression qu'il devrait.

QUELQUES TRUCS ET ASTUCES

• Pour saisir ce mouvement, vous pouvez vous exercer en vous asseyant devant une table avec le bras tendu, la main posée à plat sur la table. Ensuite, tournez votre coude légèrement vers l'intérieur. C'est ce mouvement que vous devez chercher à reproduire dans l'eau pour bien positionner votre coude avant de le plier.

Le nageur tourne légèrement son coude vers l'intérieur pour garder le coude haut lors de la phase d'appui.

35• POURQUOI EST-IL PARFOIS DIFFICILE DE PASSER D'UNE RESPIRATION EN 2 TEMPS À UNE RESPIRATION EN 3 TEMPS ?

Certains nageurs, qui ont l'habitude de nager avec une respiration en 2 ou 4 temps, ont des difficultés à passer au 3 ou 5 temps, bien qu'ils aient un bon bagage technique.

La raison de cette difficulté tient à la différence de durée du trajet de chaque bras. En effet, lorsqu'on nage en crawl 2 temps (inspiration tous les deux mouvements de bras donc une fois par cycle de bras), on a l'impression (souvent fausse) que le timing du bras gauche est égal à celui du bras droit. Or c'est faux pour la plupart des nageurs. Souvent, le bras « fort » (celui du côté où l'on respire) a un trajet d'une durée différente de celle du bras « faible ».

Il suffit d'un métronome (type Tempo Trainer® par exemple) pour mettre cela en évidence. En respiration 2 temps, si vous cherchez à vous caler sur le « bip » à chaque entrée de la main dans l'eau, vous constaterez sans doute que cela change votre nage car en fait les bras ont souvent un timing asymétrique chez les nageurs qui ont l'habitude de respirer toujours du même côté.

Aussi pour retrouver une nage en 3 temps, il faut:

- soit avoir une nage avec un timing parfaitement égal entre les deux bras : le mouvement complet du bras droit dure exactement le même temps que le mouvement complet du bras gauche ;
- soit compenser cette asymétrie des bras par une asymétrie du timing de la respiration, en plaçant son inspiration soit un peu plus tôt, soit un peu plus tard, du côté du bras « faible ». En faisant cela, on atténue la gêne ressentie (déséquilibre de la nage, tête qui se lève, etc.).

EXERCICE

- Pour bien saisir ce phénomène, on peut réaliser un éducatif : la respiration à 1 temps unilatérale. Il s'agit de respirer à chaque coup de bras (bras droit dans l'eau, respiration à gauche, bras gauche dans l'eau, respiration à droite et ainsi de suite). Cela permet de se rendre compte de la finesse du timing du placement de la respiration par rapport au mouvement de chaque bras. Cet exercice peut paraître déconcertant au début mais il est très utile pour travailler le placement de son inspiration. Certains nageurs utilisent d'ailleurs ce rythme de respiration à 1 temps lors de la reprise de nage après le virage.

36• POURQUOI CERTAINES FOIS A-T-ON L'IMPRESSION DE RÉGRESSER ?

La natation est un sport ingrat parfois, surtout pour ceux qui s'y mettent sur le tard ou qui ne le pratiquent pas autant qu'ils l'aimeraient.

Il y a des moments de grand découragement, en particulier les jours où l'on se met à l'eau et où les sensations ne reviennent pas dès le début. On a l'impression d'avoir perdu les acquis de la séance précédente où l'on se sentait si bien. Cela arrive lorsqu'on arrête de nager pendant trop longtemps, mais cela arrive aussi alors que l'on a nagé la veille ou l'avant-veille, les bonnes sensations de nage ne sont plus là. Qui n'a jamais connu ces jours « sans » ?

Vous l'avez peut-être remarqué, mais c'est souvent le cas quand on nage le crawl. C'est nettement moins vrai si on brasse, on papillonne ou si l'on nage en dos crawlé.

Alors pourquoi en crawl en particulier et comment éviter d'avoir des jours « sans » ?

D'un point de vue anatomique, la position horizontale en crawl est très artificielle et, bien qu'on en ait peu conscience, elle n'est pas du tout naturelle pour la plupart d'entre nous. Elle demande de la souplesse du dos et du bassin. Pour ceux qui passent leur journée de travail au bureau, en voiture, en position assise (et même pour tous les autres surtout à partir d'un certain âge), la position allongée du crawl est rendue beaucoup plus difficile du fait de notre sédentarité, du rétrécissement et de la perte de souplesse des muscles et tendons qui résultent des positions que nous adoptons quotidiennement.

Si on nage régulièrement, plusieurs fois par semaine, le corps peut réussir à garder et améliorer cette souplesse. En revanche, si on nage à de trop grands intervalles, par exemple uniquement le week-end, la probabilité de retrouver une aisance et une bonne position horizontale sera nettement plus faible.

Si le corps est raide, le nageur aura tendance à faire plonger son bassin et ses jambes. Si c'est votre cas, voici plusieurs pistes pour essayer d'y remédier.

- Veillez à pratiquer des exercices d'assouplissement durant la semaine pour limiter les effets négatifs de la sédentarité. Étirez votre dos et votre bassin, vous pouvez étirer vos chevilles par la même occasion ; cela servira pour vos battements. Et lorsque vous marchez, pensez tout simplement à vous redresser, épaules en arrière, thorax redressé.

• Pensez à légèrement vous échauffer et vous étirer aussi au début des séances. Peu de gens le font, mais vous l'avez peut-être remarqué les bons nageurs d'un certain âge le font presque systématiquement avant d'entrer dans l'eau. Ce n'est pas pour rien. Il faut s'étirer légèrement dans le but de retrouver une position redressée, bien droite sur sa colonne vertébrale (on peut aussi bien sûr étirer ses épaules, ses bras, ses chevilles, etc. mais les étirements dont je parle sont ceux spécifiquement destinés à retrouver une bonne posture afin de faciliter la transition entre la terre et l'eau).

J'ai également remarqué un autre phénomène qui tient aux remous de l'eau dans la piscine. De nombreuses piscines n'ont pas de lignes d'eau qui arrêtent les vagues et remous des autres nageurs. Cela crée un bassin très agité et, souvent cela a des conséquences négatives sur la qualité de la nage, surtout chez le nageur débutant en quête de sensations. L'idéal est vraiment de pouvoir nager dans une eau calme. Bien évidemment, si jamais votre objectif est de nager en compétition en eau libre, vous aurez tout intérêt à vous habituer aux remous.

37• COMMENT TRAVAILLER LE GAINAGE ET LES JAMBES SANS Y PASSER DES HEURES ?

Nous avons tous des emplois du temps très chargés alors autant optimiser les séances d'entraînement dans la mesure du possible. Voilà quelques suggestions pour se muscler les cuisses et parfaire ses abdos sans s'en apercevoir (ou presque).

Pensez à bien pousser avec les jambes dans les virages.

Mine de rien, nager 2 km en bassin de 25 m veut dire 79 virages (en 50 m, 39 virages). Si vous faites l'effort de pousser fort sur le mur à chaque virage, c'est 79 fois un travail sur les muscles des cuisses (quadriceps principalement). Cela peut toujours être utile pour d'autres sports (vélo, course à pied, ski, etc.) ou simplement pour avoir les cuisses musclées.

Ondulez à chaque virage.

Si à chaque virage vous pensez à faire une ou deux ondulations après la poussée, c'est autant de travail réalisé qui, à la longue, renforcera votre ceinture abdominale et le bas de votre dos. Par exemple, sur 2 km de nage cela fait 80 ondulations minimum.

En brasse, tenez la position d'extension du corps un peu plus long-temps.

À l'occasion des longueurs plus relax en brasse, lors de l'extension du corps, pensez à maintenir la position bien tendue durant quelques secondes (comptez jusqu'à trois dans votre tête par exemple) en veillant à bien contracter la ceinture abdominale et à serrer les fessiers. Sur une longueur de 25 m, c'est facilement 8 extensions-contractions que vous pouvez réaliser : soit 8 x 3 secondes = 24 secondes à tenir une position qui améliora votre gainage. C'est autant de gagné !

38• EST-CE QUE L'ON MUSCLE SES ABDOMINAUX EN NAGEANT ?

Nager ne développe pas systématiquement les muscles abdominaux, mais nager d'une certaine manière permet de le faire sans trop avoir à se préoccuper d'exercices de musculation hors bassin (par exemple, les longues et fastidieuses séries d'abdominaux au sol : *crunchs*, exercices de gainage statique, gainage dynamique...). Voici quelques suggestions pour bien développer ses abdominaux en nageant.

EXERCICES

• Avec une paire de petites palmes, faites des longueurs en ondulations, sur le dos, le ventre, mais aussi sur le côté (c'est une excellente manière de muscler les obliques). Pour cela, s'allonger sur le côté, le bras sous-marin allongé devant soi et l'autre bras le long du corps. Faites alors les ondulations. Si vous fatiguez trop, alternez avec de petits battements. Pour respirer, tournez légèrement le buste ou bien, en vous aidant de la main sous-marine par un mini mouvement de brasse, se redresser un peu pour respirer ; si vous voulez corser l'exercice, vous pouvez quand vous êtes en ondulations dorsales, mettre les bras en l'air pointés vers le plafond !

• Pratiquez l'éducatif du requin (lire page 120), en veillant à bien fixer la planche verticalement par la force de vos abdominaux.

• Faites des longueurs en plaçant le pull-buoy entre les chevilles (au besoin entourez les chevilles d'un élastique) en cherchant à bien fixer le bassin. Si vous laissez le pull-buoy entre les cuisses, vous aurez moins d'effets sur les abdominaux.

39• COMMENT ÉVITER D'AVOIR LA TÊTE TROP RELEVÉE LORS DE LA RESPIRATION ?

C'est un des défauts les plus répandus ! Le nageur relève la tête pour respirer. Cela a pour effet de rompre son équilibre horizontal. Quand la tête se relève, le bassin et les jambes plongent, freinant le nageur qui devient beaucoup moins hydrodynamique. Dans la mesure du possible, le nageur doit rester profilé durant la phase de respiration. Pour cela, il doit se contenter du roulis des épaules pour placer sa tête en position d'inspiration.

Faites le test : si vous mettez plus de coups de bras par longueur lorsque vous respirez en 2 temps qu'en 3 ou 4 temps, c'est sans doute que vous perdez en hydrodynamisme lors de la respiration.

QUELQUES TRUCS ET ASTUCES

• Pensez à garder un œil hors de l'eau, un œil sous l'eau au moment de l'inspiration. La vague créée suffit à dégager la bouche pour ne pas boire la tasse.

• Forcez-vous à inspirer au moment où le roulis est bien accompli et pas plus tôt, c'est-à-dire dès que le roulis commence. Instinctivement, on a tendance à inspirer dès que l'on sent que l'on peut sortir la bouche de l'eau, mais il faut attendre un tout petit peu afin que ce soit les épaules qui guident la sortie de la bouche de l'eau. Ce conseil vaut avant tout pour les débutants. Les nageurs experts apprendront au contraire à inspirer le plus vite possible avant la traction du bras sous-marin pour éviter d'offrir une zone de frottement trop importante entre la tête et l'épaule sous-marine.

• N'hésitez pas à chercher l'allonge durant la phase d'inspiration (pensez à appuyer la tête sur l'épaule), bien plus que lors du mouvement sans respiration. Visualisez un cerceau vertical étroit qui entourerait votre épaule et votre tête. Au moment de respirer, restez bien allongé pour passer dans ce cerceau virtuel et pensez à toujours fermer l'espace entre la joue et l'épaule sous-marine.

Comme je l'ai expliqué précédemment, il s'avère que certains excellents nageurs donnent l'impression de lever la tête pour respirer. En fait, c'est parce qu'ils cherchent à inspirer très tôt dans le cycle de nage, avant même que le bras sous-marin ait vraiment commencé à exercer une force importante sur l'eau. Cela permet d'optimiser leur hydrodynamisme et de rester bien profilé. En effet, si l'on finit son inspiration alors que le bras sous-marin est déjà presqu'à la verticale de l'épaule, on risque fort de créer une surface importante de frottement comprise entre le cou, l'épaule et même le bras. De plus, pour la plupart des nageurs, c'est la phase la plus critique car on a tendance à se déséquilibrer. En revanche, si on arrive à finir son inspiration plus tôt, le bras sous-marin est encore presqu'allongé devant soi, on supprime beaucoup des inconvénients que je viens de décrire. C'est pour cette raison que des nageurs très rapides dégagent un peu le haut du buste de l'eau à cet instant mais ils ne relèvent pas réellement la tête pour autant (sinon, ils ouvriraient un espace entre la tête et l'épaule dans lequel l'eau viendrait s'engouffrer). Donc attention à ne pas confondre le fait de décoller la tête de l'épaule et le fait de sortir le buste pour finir son inspiration le plus tôt possible. Cette technique peut parfaitement être mise en pratique par le bon nageur. L'important est de ne pas se désunir. Elle demande aussi nettement plus d'effort que de rester simplement horizontal sur l'eau. C'est pour cela qu'on l'utilise plutôt dans les cas de sessions d'entraînement intenses.

40• J'AI TENDANCE À GODILLER. COMMENT FAIRE POUR ÉVITER ÇA ?

Le « *cross-over* » ou godille ou serpent est un défaut très fréquent en crawl. Le nageur étend son bras non pas dans l'axe de l'épaule, mais en croisant la ligne médiane de son corps.

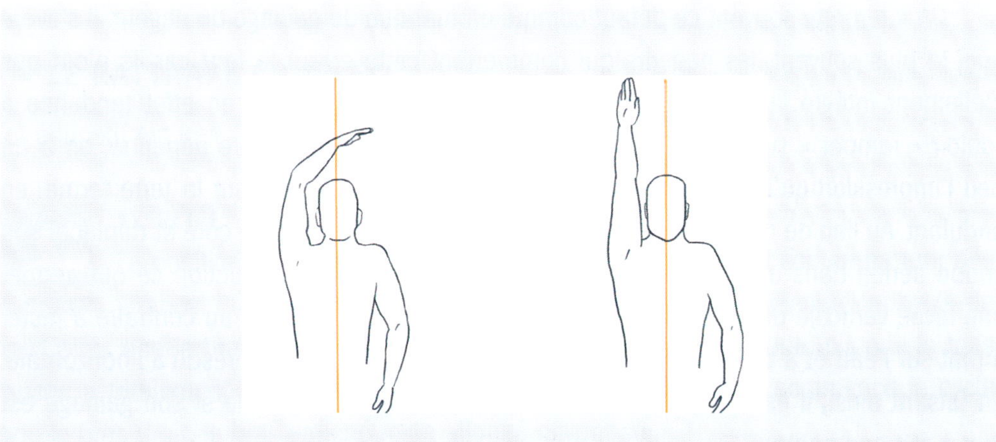

Cet éducatif permet de bien travailler un bras à la fois et de s'appliquer à réaliser une bonne prise d'appui sur l'eau.

42• LE RATTRAPÉ ARRIÈRE OU MANCHOT

EXERCICE

Il s'agit de garder un bras allongé sur le flanc et de nager avec l'autre bras en respirant à chaque coup de bras. La respiration peut se faire du côté opposé au bras fixe (plus facile) ou bien le contraire, ce qui demande plus de travail du bras actif et est plus difficile aussi du point de vue de la gestion de l'équilibre. Bien penser à effectuer un mouvement complet du bras en n'oubliant pas de bien réaliser la fin du mouvement sous-marin et d'utiliser le roulis du tronc des deux côtés, à chaque mouvement du bras.

Cet éducatif offre plusieurs avantages.

- On a un ressenti immédiat de l'enfoncement du corps lorsque l'on respire, puisque l'on ne peut tricher avec l'appui du bras opposé à celui qui tracte (vu qu'il est collé à la hanche).
- Comme l'allongement sur l'eau est réduit, l'absence d'équilibre dans l'axe du tangage se fait immédiatement ressentir. On est donc forcé de travailler sur la position de la tête pour ne pas perdre son horizontalité.
- On perçoit beaucoup mieux la sensation de glisse (si le mouvement est bien réalisé) car durant la phase aérienne, rien ne tracte.

Je conseille, surtout au début, de réaliser cet éducatif avec des petites palmes. Cela permet d'accroître les sensations ; cela facilite l'exercice et fait travailler les jambes.

Cet éducatif est excellent aussi pour travailler la symétrie de la nage car il permet de faire travailler les deux bras de manière identique et aussi de travailler la respiration bilatérale puisque selon le bras utilisé, on respire d'un côté ou de l'autre.

43• NAGER POINGS FERMÉS

EXERCICE

Cet éducatif est très simple. Il consiste à nager normalement le crawl mais avec les poings fermés. La surface d'appui de la main étant extrêmement réduite, le nageur va devoir compenser en utilisant davantage son avant-bras et son bras. C'est un excellent éducatif pour analyser les sensations d'appui du bras sur l'eau, mais aussi du roulis. Il existe des anti-plaquettes qui reproduisent cet effet. Une alternative consiste à tenir une petite balle dans chaque main.

44• LE « *FROGGER* »

Un éducatif de visualisation baptisé ainsi en hommage au jeu vidéo du même nom.

EXERCICE

En crawl, imaginez-vous nager au-dessus d'une série de rondins de bois qui seraient placés en enfilade dans le sens de la longueur (une ligne droite de rondins mis bout à bout). À chaque *catch*, appliquez-vous à l'exercice de visualisation suivant : imaginez que votre main et votre avant-bras viennent se positionner sur la partie plane située en haut du rondin pour pousser le rondin le plus loin possible derrière vous. Concentrez-vous sur une poussée avec le bras mais aussi en prenant conscience que la poussée peut venir de la force du buste (rotation liée au roulis).

L'intérêt est de bien ressentir le travail d'appui alors que le bras est plié.

Cet éducatif peut être combiné (sans le confondre) avec la visualisation du tonneau : les Anglo-saxons parlent parfois de nager « *over the barrel* » (« au-dessus du tonneau »). Les tonneaux sont cette fois perpendiculaires au mouvement et le bras vient enrouler le tonneau au moment du *catch* (cette image mentale a pour but de chercher à garder le coude haut et à positionner le bras dans une position optimale pour la phase d'appui).

45• LE TRAVAIL SUR LE RETOUR AÉRIEN DU BRAS

Il existe plusieurs variantes de cet éducatif.

EXERCICE

On peut vouloir chercher à effleurer l'eau avec la main lors du retour aérien : le coude plié, il suffit de laisser la main toucher l'eau tout au long du trajet entre la sortie de l'eau et l'entrée dans l'eau.

• Cela oblige le nageur à bien garder le coude plié lors du retour aérien.
• Cela apprend à bien placer sa main qui doit être près de l'axe du corps (ce qui signifie que le trajet du coude est lui aussi près de l'axe du corps).
• Cela permet de prendre conscience de l'emplacement de la main au moment où elle entre dans l'eau.

EXERCICE
On peut aussi marquer un temps d'arrêt lors du retour aérien de la main, par exemple au moment où la main passe l'aplomb de l'épaule. Cela permet de bien prendre conscience du placement du bras durant le mouvement.

EXERCICE
On peut, dans la même optique, venir toucher avec sa main, soit son aisselle, soit son épaule, soit sa tête, voire même plusieurs de ces points consécutivement durant un même cycle. Cet éducatif permet de bien prendre conscience du positionnement de son bras et de sa main durant le retour aérien.

46• LE REQUIN

EXERCICE
Cet éducatif consiste à mettre une planche entre les cuisses et à nager avec un bon roulis des épaules tout en cherchant à garder la planche la plus verticale possible.

Cela permet :
• de faire travailler les abdominaux ;
• de ressentir le travail des chaînes musculaires abdos-dorsaux-bras dans le déclenchement de l'appui sur l'eau ;
• de ressentir l'importance de la torsion du haut du corps.

Pour vous aider à réaliser cet exercice, imaginez un élastique qui relierait le haut de la planche au milieu de votre avant-bras et visualisez cet élastique se tendre jusqu'au moment où vous initiez l'appui sur l'eau, pour ensuite se relâcher en tirant votre bras vers l'arrière.

On peut aussi réaliser cet éducatif non pas en cherchant à garder la planche verticale, mais en la faisant pencher de chaque côté. C'est alors un éducatif adapté pour travailler le roulis du bassin.

L'éducatif du requin peut également servir à prendre conscience de l'importance d'avoir un bassin très haut sur l'eau (proche de la surface), tout particulièrement au moment où le nageur génère le plus de puissance avec son bras (c'est-à-dire lorsque son coude sous-marin passe à la verticale de son épaule).

Pour maintenir la planche en place, le nageur est obligé de bloquer les cuisses. Par conséquent, le battement de jambes part du genou (et non de la hanche). Ce battement de jambe genou plié a un intérêt pédagogique comme nous allons le voir.

EXERCICE

- Commencez par réaliser le mouvement de jambes en laissant les bras allongés devant vous. Normalement, vous n'allez pas vraiment bouger car le battement réalisé ainsi avec le genou plié ne génère pas vraiment de propulsion.
- Ensuite, faites la même chose mais en nage complète avec un battement 2 temps et toujours avec la planche bien calée entre les jambes. Synchronisez précisément le battement de la jambe gauche par exemple, de sorte qu'il finisse juste avant le moment où votre main droite passe sous votre corps et vice versa. Vous devriez ressentir un gain de vitesse et d'amplitude très significatif.
- Pour vous en convaincre, comparez votre nombre de coups de bras sur une longueur avec et sans la planche entre vos jambes.

Ce gain d'amplitude s'explique par un positionnement du bassin plus proche de la surface. Ce mouvement du bas de la jambe (battement genou plié) fait remonter votre bassin vers la surface au moment crucial de la génération de la plus grande force avec le bras. Comme votre corps exerce une résistance moindre sur l'eau du fait que le bassin est très proche de la surface, la puissance est immédiatement convertie en gain d'amplitude. C'est la démonstration, si tant est qu'elle soit encore nécessaire, que la position du nageur est fondamentale en crawl. C'est la clé de la vitesse. À puissance égale, le nageur qui aura le bassin le plus proche de la surface au moment de la propulsion du bras sur l'eau, ira le plus loin à chaque coup de bras.

47• NAGER SOUPLE

Cet éducatif a pour but de relâcher les freins du nageur (lire page 103).

EXERCICE

• Nagez avec un pull-buoy (ou une planche) entre les jambes et pensez à bien relâcher les freins (pour l'horizontalité, normalement pas de souci, le pull-buoy doit s'en charger).

• Nagez ainsi plusieurs longueurs jusqu'à être certain que vous avez bien relâché tous les freins. Surtout nagez sans vous focaliser sur la propulsion. Comptez alors votre nombre de coups de bras par longueur.

• Ensuite, nagez sans pull-buoy en cherchant à garder la même technique, le même geste, le même tempo ; s'il vous faut alors plus de coups de bras pour une longueur sans pull-buoy qu'avec pull-buoy, c'est vraisemblablement que l'un des freins reste bien serré. Reprenez la liste page 105 et à vous de trouver lequel ou lesquels.

Recommencez régulièrement l'exercice.

EXERCICE

• Une variante de cet éducatif si vous avez un Tempo Trainer® (ou un métronome) :

• Nagez sur un tempo medium (par exemple, 60 coups de bras/minute) sans penser du tout à la propulsion, mais uniquement au relâchement des freins. Comptez le nombre de coups de bras par longueur.

• Essayez tout en nageant au même tempo, de réduire le nombre de coups de bras par longueur uniquement en travaillant sur le relâchement des freins, sans accentuer la propulsion.

CHAPITRE 5

POUR SE PERFECTIONNER

Une fois que les règles de base du crawl ont été bien intégrées, le nageur pourra avoir envie d'explorer de nouveaux territoires et de nouvelles sensations pour perfectionner sa nage.

48• LA NAGE EN EAU LIBRE

On pourrait consacrer un ouvrage entier à la nage en eau libre. En effet, le fait de nager en milieu naturel change de nombreux paramètres. Voici quelques points-clés pour celui qui veut passer du bassin à l'eau libre.

La sécurité

C'est l'un des facteurs essentiels. Il faut appliquer des règles de prudence élémentaires pour ne pas se mettre en danger inutilement. Une fois loin de la côte en mer ou pris par le courant, on peut se retrouver très rapidement dans des situations à risque. Il faut donc bien apprécier les dangers potentiels dans la zone dans laquelle on veut nager et prendre les mesures adaptées. En général mieux vaut rester près du bord (et donc nager parallèlement à la côte plutôt que nager vers le large). Enfin, toujours être très vigilant vis-à-vis des zones de courant.

Le style de nage

L'idéal est de pouvoir adapter sa nage au milieu naturel car l'inverse n'est pas possible évidemment. S'il y a de la houle il faut savoir modifier son style pour ne pas avoir à se battre contre l'eau et au contraire utiliser les éléments à son avantage.

Respirer des deux côtés, pouvoir utiliser une plus grande fréquence de bras avec moins d'amplitude sont des atouts réels en eaux libres.

Il faut également s'habituer au port de la combinaison le cas échéant, en triathlon par exemple. La combinaison modifie les sensations du nageur dans l'eau. Il faut donc essayer de nager plusieurs fois en combinaison avant une compétition.

Les épreuves d'eau libre portent souvent sur de longues distances et impliquent des durées de nage continue que l'on n'a pas toujours l'habitude d'expérimenter en piscine. Il faut donc apprendre à nager relaxé, à savoir reprendre son souffle, se détendre les bras à certains moments, se laisser porter pour justement pouvoir récupérer et ne pas s'épuiser inutilement.

Le stress

Se retrouver dans un milieu naturel avec de la profondeur par exemple, ou dans une eau trouble, ou bien au départ d'une épreuve de triathlon dans la cohue, très serré dans sa combinaison, peut générer des situations de stress traumatisantes pour le nageur. Il faut donc mentalement s'y préparer et surtout ne pas paniquer. Bien penser à s'échauffer avant de s'élancer dans l'eau surtout s'il existe des facteurs de stress et bien contrôler son débit respiratoire.

Tirer partie des conditions

Si vous avez un courant favorable, essayez au maximum d'en profiter. En rivière, le courant est plus fort au milieu du cours d'eau que sur les bords par exemple. Si vous nagez avec d'autres nageurs, vous pouvez prendre leur sillage en restant derrière eux (dans leurs pieds) ou bien à leur côté (légèrement derrière la ligne de leur épaule). Cela vous fera économiser de l'énergie car vous bénéficierez de leur vague. Évidemment respectez les autres nageurs dans ce genre d'exercices.

Bien se repérer

En milieu naturel, pas de lignes de bassin, on peut perdre facilement ses repères. Il faut alors repérer des points particuliers sur les berges pour pouvoir nager de manière rectiligne en déviant le moins possible de la bonne trajectoire. L'idéal est de pouvoir prendre ses repères avant la course ou de s'entraîner sur le site où l'on va nager (bateaux amarrés, rochers, phares, etc.). Il faut pouvoir avoir au moins deux repères quasiment opposés pour bien se caler (par exemple un devant soi et un derrière soi ou quasiment). En jetant un coup d'œil devant et derrière, on peut ainsi apprécier la rectitude de sa trajectoire.

49• LES QUATRE AXES DE PROGRESSION

Quels sont les facteurs majeurs qui font nager plus vite et permettent d'obtenir rapidement des résultats ? À mon avis, il y en a quatre :

L'horizontalité

C'est le point-clé. Plus le nageur sera horizontal sur l'eau, moins les forces de frottement seront grandes et plus il ira vite. Pour cela, il faut toujours penser à positionner son corps de la manière la plus horizontale possible et remonter le bassin vers la surface. L'horizontalité va de pair avec l'hydrodynamisme et le nageur très rapide pourra chercher à finir son inspiration le plus tôt possible afin de rester le plus profilé possible.

L'amplitude

L'amplitude est aussi un paramètre qui peut se travailler et s'améliorer. Ainsi, un nageur de niveau olympique de 1 500 m est capable à l'entraînement de parcourir 25 yards (soit 22,86 mètres) en six cycles (soit 12 ou 13 coups de bras) tout en nageant à une vitesse de moins de 55" aux 25 yards. Évidemment, c'est cette faculté d'avoir une amplitude élevée à vitesse élevée qui lui permet d'avoir un tel niveau. Nous avons déjà évoqué ce qu'il faut entendre par amplitude et comment ne pas confondre amplitude et glisse (page 49).

Le gainage

Il est tout aussi important de nager en bonne position horizontale que de nager gainé. Il en va de la préservation maximale de l'énergie d'avancement. Le nageur sans gainage va gaspiller une grande partie de son énergie contrairement au nageur gainé. Quand on augmente sa fréquence, il faut veiller à maintenir un gainage efficace. Le nageur doit réussir à se déplacer sur sa trajectoire de manière précise, sans mouvement parasite ou perte d'énergie.

La fréquence

Dès qu'un style de crawl est maîtrisé, il est important de veiller à travailler autant la fréquence que l'amplitude. Plus le nageur est profilé, plus il ira loin à chaque mouvement de bras. On peut toujours chercher à augmenter l'amplitude, mais il ne faut pas négliger l'effet immédiat d'une augmentation de la fréquence de nage.

Voici un exemple chiffré :

- Un nageur qui met 22 cycles de bras sur 50 m (soit 44 coups de bras) avec une fréquence de bras de 55 coups de bras/minute nagera un 100 m en 1'39".
- Ce même nageur avec une fréquence de bras de 66 coups de bras/minute nagera cette fois le 100 m en 1'23", soit un gain de 13".
- Ce même nageur s'il réduit son nombre de cycles de bras de 22 à 20 sur 50 m (il augmente donc son amplitude) sans changer sa fréquence gagnera seulement 8" au 100 m (1'31'au lieu de 1'39") !

La fréquence doit être travaillée spécifiquement car elle entraîne des conséquences tant sur l'équilibre de la nage que sur le conditionnement cardio-vasculaire et musculaire du nageur. Pouvoir nager à fréquence élevée tout en gardant un style de nage efficace (et évidemment sans perdre d'amplitude) demande un travail très spécifique.

Un nageur dont les performances stagnent cherche sans doute à travailler uniquement sur la puissance et l'amplitude et oublie trop la composante fréquence.

Voici un autre exemple : à l'épreuve olympique du triathlon courte distance (partie natation), les athlètes féminines ont une fréquence qui se situe entre 72 et 90 coups de bras par minute, avec une moyenne autour de 80 coups de bras par minute. Ces nageuses couvriront les 1 500 m de natation de l'épreuve en 18 minutes à peu près.

Si on rapporte leur fréquence de bras à leur vitesse, elles mettraient pour la plupart plus de 50 coups de bras par longueur de 50 m (soit 25 cycles) et on voit qu'elles respirent principalement en 2 temps. Plus de 25 cycles au 50 m, ça peut sembler beaucoup pour d'excellentes nageuses comme elles. Elles ont certainement une technique qui leur permet de nager dans l'absolu en moins de coups de bras et avec bien plus d'amplitude. Alors pourquoi tant de fréquence et tant de respirations ?

La réponse est liée au milieu dans lequel elles évoluent (beaucoup de turbulences) et au fait que ces jeunes femmes ont à enchaîner deux épreuves ensuite : 40 km de vélo et 10 km de course à pied soit plus de 2 heures d'effort au total.

Ces nageuses cherchent donc à nager au maximum en aérobie, elles limitent au maximum la glisse, évitent de nager en force et cherchent à garder au mieux l'inertie de leur mouvement. Pour toutes ces raisons, elles donnent la priorité à la fréquence sur l'amplitude.

50• L'USAGE DES EXEMPLES VIDÉO

Le nageur en apprentissage sans entraîneur n'avait pas beaucoup de moyens de progresser avant les vidéos de natation sur Internet. Il n'avait d'autre choix que d'acheter un bouquin de natation et essayer de comprendre ce qu'on lui racontait de manière plus ou moins pédagogique et efficace. Souvent cela ne donnait pas grand-chose malheureusement (le livre que vous tenez entre les mains à ce titre fait figure d'exception ☺). Il est dorénavant extrêmement aisé de trouver sur Internet quantité de photos et de vidéos de nageurs de tous les niveaux et principalement du meilleur niveau mondial.

On ne peut que s'en féliciter car c'est un outil fantastique et extrêmement puissant d'apprentissage. Cela dit, quelques précautions s'imposent pour celui qui décide d'apprendre sur la base des images des « meilleurs ».

- Tout d'abord, l'œil et le cerveau ne font parfois pas bon ménage : on croit voir quelque chose, mais en fait, soit on l'interprète mal, soit on le voit mal. En plus, on visionne parfois des images qui comportent des défauts de position importants et qui, consciemment ou non, ont tendance à s'inscrire dans notre mémoire visuelle ce qui génère plus d'erreurs qu'autre chose.
- Les nageurs de niveau mondial ont suivi un chemin d'apprentissage très long pour arriver à leur style de nage, des années d'entraînement sous le regard des meilleurs entraîneurs. Au tennis, on ne peut pas espérer du jour au lendemain entrer sur un court de tennis et servir comme Roger Federer ! C'est exactement la même chose en natation : il ne faut pas chercher à copier les bons nageurs, mais plutôt chercher à analyser leur mouvement pour comprendre la perfection de leur geste technique. Heureusement, certains sites donnent des outils d'analyse pour cela (c'est la vocation de mon blog notamment). Comprendre et ne pas copier !
- Les vidéos les plus faciles à analyser sont celles qui sont filmées au ralenti. Or, en natation, la dynamique et le timing du mouvement sont tout aussi importants que le geste en lui-même. La résistance sur l'eau augmente avec le carré de la vitesse : donc

plus la vitesse est grande (de la main, du bras, du corps, etc.), plus la résistance est grande et le nageur adapte constamment son geste à la résistance. Un nageur qui nage à 2,5 km/h ne nage pas dans le même environnement qu'un nageur qui nage à 6 km/h. Il faut garder cela à l'esprit quand on tente d'analyser un exemple vidéo !

• Enfin, la natation est avant tout un sport de sensations, ce qui n'est évidemment pas visualisable !

Au total, rien ne remplace le chronomètre qui sera le seul juge de vos réels progrès techniques.

51• LE NAGEUR, UN MOTEUR HYBRIDE

La technique est une chose très importante en natation, mais elle ne suffit pas à nager vite – ce serait trop beau ! La force est elle aussi bien entendu nécessaire. Une des particularités du nageur, c'est qu'il possède un moteur hybride combinant plusieurs sources d'énergie ; à lui, compte tenu de ses qualités physiques, d'arriver au meilleur mix possible.

L'énergie mécanique (action/réaction)

Ce principe action/réaction est la troisième loi de Newton. C'est la première source d'énergie qui vient à l'esprit : le nageur pousse l'eau vers l'arrière avec sa main (et idéalement aussi avec son avant-bras et son bras) ce qui le propulse vers l'avant. Le fait d'appuyer dans une direction sur un point d'appui génère une force en sens inverse ; cette force est la plus élémentaire pour le nageur quelle que soit la technique utilisée (qu'elle soit bonne ou mauvaise d'ailleurs). On peut ajouter qu'elle ne dépend pas tant de la technique que de la force pure bien qu'évidemment suivant la manière dont le nageur place son corps dans l'eau, le mouvement d'appui sera plus au moins efficace selon les groupes musculaires utilisés. Dans le cadre de la pure application de ce principe, le style de crawl des nageurs australiens (FQS) est particulièrement intéressant car il permet de solliciter les muscles les plus puissants. Ils tirent avantage du roulis pour utiliser leurs muscles dorsaux au mieux. Ces nageurs vont donc avoir un gros moteur de ce type : le nageur plus frêle aura lui un plus petit moteur de ce point de vue.

L'énergie élastique

C'est la seconde source d'énergie disponible. Au moment du *catch*, le nageur crée une tension dans les muscles et les tendons du haut de son corps. Avec un bon roulis et un bon relâchement, cette énergie élastique peut être convertie en une énergie cinétique qui vient s'ajouter au premier « moteur » (action/réaction). Pour tirer avantage de cette énergie, la technique est primordiale.

La force liée à l'accélération

On passe au « turbo » : l'accélération d'une masse génère une force (seconde loi de Newton). Appliquée au nageur, cela signifie que plus le nageur crée un mouvement d'accélération, plus il générera de force en retour. Toutefois, il lui faut être capable de convertir cette force en une force d'avancement, en évitant sa dispersion en dehors de l'axe d'avancement. Ainsi, un nageur de petit gabarit pourra générer une force plus importante qu'un nageur de grand gabarit en vertu de ce principe. Un crawl en opposition et à fréquence élevée utilise ce « turbo », comme celui de Janet Evans.

L'énergie cinétique

Il ne faut bien sûr pas oublier l'énergie cinétique qui n'est pas un moteur en soi, mais qui est fondamentale. En effet, le nageur possède la plus grande vitesse au moment de la coulée. Ensuite il doit chercher à préserver cette énergie cinétique en étant le plus hydrodynamique possible et en enchaînant les cycles de bras sans temps mort. Profilage et timing sont les clés pour cela.

La force de gravité

C'est une autre force à prendre en compte. Bien que le nageur soit porté par l'eau, le roulis et le mouvement aérien du bras constitue un transfert de masse qui peut être aidé par la force de gravité. Le meilleur alignement des segments dans le sens de l'avancement et une excellente synchronisation sont nécessaires pour cela.

Je vous fais grâce des principes de Bernoulli (principes de mécanique des fluides), qui, un peu comme la poussée d'Archimède, constituent davantage des contraintes liées au milieu aquatique que des éléments sur lesquels le nageur peut agir.

52• LES ASSOUPLISSEMENTS

Pour bien nager le crawl, il faut nager en amplitude. L'amplitude, je le rappelle, c'est la capacité à utiliser au maximum ses articulations pour avoir de l'ampleur dans ses mouvements. Il est donc très important d'essayer de préserver au mieux sa souplesse voire même de l'améliorer.

Avec l'âge, malheureusement les muscles et les articulations ont tendance à se raidir et le corps perd en souplesse. Le problème est que cette raideur vient très progressivement ; on ne la sent pas venir et donc on néglige les étirements jusqu'au jour où on s'aperçoit qu'on ne peut plus faire tel ou tel mouvement.

Heureusement la pratique régulière d'exercices d'assouplissement permet de préserver son « capital souplesse » : séance de yoga ou série d'assouplissements (devant la télé le soir par exemple...).

Les étirements statiques sont les plus couramment utilisés. Il s'agit de prendre une posture d'étirement doucement et de la maintenir en respirant profondément (de 30" à 2'). Mais il existe d'autres techniques d'étirement pour préparer le corps aux exigences de son sport : les étirements actifs, dynamiques. Je vous renvoie pour cela au livre *Savoir s'étirer* de Christophe Carrio qui est le plus complet sur le sujet.

Travailler votre souplesse est bénéfique pour toutes vos pratiques sportives mais également pour votre bien-être général. En rééquilibrant les tensions autour des articulations, vous préviendrez de multiples douleurs, les maux de dos en particulier.

CHAPITRE 6

LE MATÉRIEL ET LES ACCESSOIRES

Pour aider le nageur à parfaire sa technique et sa condition physique, les entraîneurs et les équipementiers ont mis au point quatre types d'accessoires que nous allons passer en revue : le pull-buoy, les palmes, les plaquettes et le tuba.

53• LE PULL-BUOY

Le pull-buoy est au nageur débutant ou moyen ce que les petites roues sont au vélo d'enfant ! Sans pull-buoy, finies les longueurs enchaînées avec grande facilité : on redevient le commun des nageurs. Le recours au pull-buoy doit se faire avec parcimonie dans l'objectif d'un travail précis des bras. Il ne doit pas devenir la béquille du nageur claudiquant.

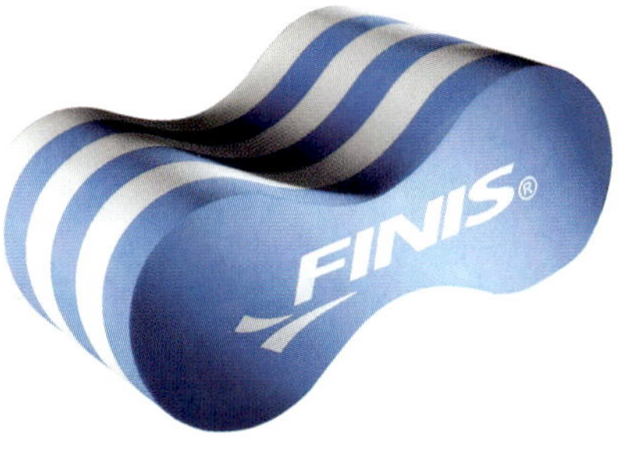

Quitte à l'utiliser, placez-le serré entre les chevilles plutôt qu'entre les cuisses, la ceinture abdominale travaillera davantage ou encore mieux, remplacez-le par une planche coincée entre les jambes (lire page 120 l'éducatif du requin).

L'usage du pull-buoy peut occasionner des maux d'épaules car il a un impact sur le roulis et le placement de l'épaule. Pensez à bien effectuer le roulis lorsque vous nagez avec le pull-buoy.

L'utilisation intensive du pull-buoy peut être utile dans deux cas :

- **En vue d'une compétition en eaux libres** comme lors d'un triathlon. En effet, les combinaisons de triathlon, du fait de leur haut degré de flottaison, permettent au nageur d'être très horizontal sur l'eau, sans même à avoir à vraiment battre des jambes. Il est alors possible de nager en se concentrant presque exclusivement sur les bras. Le pull-buoy permet de simuler en piscine les sensations du nageur en combinaison.
- **Dans le cas d'un travail technique spécifique des bras.** Le pull-buoy permet de se concentrer exclusivement sur le travail des bras. L'idéal est de réaliser ce type de séance une fois que l'on possède une bonne horizontalité dans l'eau, L'utilisation du pull-buoy tend à limiter le roulis ; il peut donc être source d'endolorissement des épaules. Soyez très vigilant sur ce point.

Côté chrono

Voici les chronos constatés sur 50 m nage libre pour un nageur triathlète de niveau élite selon qu'il porte une combinaison, un pull-buoy ou ni l'un ni l'autre.

- Combinaison : 36,5 secondes ;
- Pull-buoy : 41,3 secondes ;
- Maillot : 40,4 secondes (soit près de 4 secondes de plus qu'avec une combinaison) ;

La différence entre le temps en maillot et en pull-buoy s'explique sans doute par le fait que ce nageur a un bon battement propulsif et que la forme du pull-buoy augmente sa traînée dans l'eau. Peut-être également que le pull-buoy limite son amplitude en bloquant un peu son roulis.

Sur un 400 m, il est très courant pour un bon nageur d'améliorer de près de 30 secondes son temps grâce à une combinaison de triathlon.

54• LES PALMES

Les palmes sont un accessoire bien utile pour progresser. Elles sont recommandées par exemple :

- pour apprendre à maîtriser le battement de pieds ;
- pour l'apprentissage du papillon ;
- pour l'apprentissage du crawl FQS ;
- pour muscler sa ceinture abdominale (par des ondulations sur le côté).

Faut-il utiliser des palmes courtes ou des palmes longues ?

Les palmes courtes possèdent beaucoup d'avantages par rapport aux palmes longues :

- elles ont un éventail plus large d'utilisations notamment en jouant sur la fréquence de battement ;
- elles sont moins encombrantes (un point important en piscine notamment aux horaires publics) ;
- elle génère un mouvement qui est plus proche du battement sans palmes ;
- elles sont moins traumatisantes pour les articulations ;
- elles évitent de couvrir une distance trop grande en peu de battements.

Avantage des palmes longues en piscine ? Honnêtement pour les nageurs, je n'en vois aucun, à moins vraiment de vouloir se muscler les cuisses. Les palmes longues sont utiles pour les plongeurs sous-marins et pour ceux qui veulent avoir des grosses cuisses musclées.

Une question récurrente (de nageuses principalement) concerne le choix des palmes pour avoir des « jambes plus fines ». Il me semble que les petites palmes déplaçant moins d'eau que les grandes, la charge demandée aux muscles des jambes est donc plus faible ce qui devrait avoir pour objet de ne pas trop muscler les jambes, mais plutôt de les tonifier (pour avoir des muscles fins, il vaut mieux faire beaucoup de répétitions avec une petite charge que l'inverse à savoir peu de répétitions avec une grosse charge). Encore mieux, se contenter de battements, rapides et toniques, sans palmes !

55• LES PLAQUETTES

Voici un petit panorama des différents types de plaquettes que l'on peut trouver sur le marché actuellement.

Les plaquettes dites « classiques »

Elles sont généralement de forme rectangulaire ou reproduisent plus ou moins la forme de la main. Ces modèles ont avant tout pour vocation le renforcement musculaire en augmentant la surface d'appui sur l'eau. Déplacer plus d'eau demande un effort musculaire plus important, ce qui développe la force du nageur. C'est le principe des poids et haltères hors bassin.

L'inconvénient de ce type de plaquettes c'est qu'elles peuvent augmenter la surface d'appui durant des phases du geste où il n'est pas idéal d'avoir justement une grande surface d'appui. Par exemple, au moment de l'entrée de la main dans l'eau. Afin d'éviter cette gêne, le nageur peut inconsciemment ou non modifier son geste et donc altérer sa technique de bras. Le même raisonnement s'applique pour les appuis. L'appui étant différent, un nageur qui nage trop avec des plaquettes risque d'altérer sa technique ou de s'habituer à un geste approprié pour les plaquettes, mais qui ne l'est plus mains nues. Ce type de plaquettes convient dès lors à une pratique limitée et occasionnelle. Quant aux choix de la taille des plaquettes, on recommande, surtout au début, de choisir un modèle d'une taille légèrement plus large que la main, mais pas beaucoup plus.

Les plaquettes ergonomiques (forme anatomique)

Conscients des défauts des plaquettes dites « classiques », certains entraîneurs ont commencé à affiner la forme des plaquettes de façon à ce qu'elles favorisent le renforcement musculaire sans pour autant détériorer la technique de nage. C'est le cas des plaquettes avec des formes asymétriques et le plus souvent percées.

Plusieurs marques proposent ce type de plaquettes (Tyr catalyst®, Aquasphere®, Arena vortex®, etc.). Leur forme qui a été longuement étudiée vise à éviter d'augmenter l'appui durant les phases du geste où cet appui n'est pas nécessaire. A priori, elles réduisent le risque de blessures et de détérioration de la technique.

Contrairement aux plaquettes classiques, on peut opter pour une taille relativement grande par rapport à la taille de sa main. Les nageurs qui nagent fréquemment avec des plaquettes ont plutôt intérêt à opter pour ce modèle.

Les plaquettes éducatives

Ces plaquettes n'ont pas pour vocation première de développer la force musculaire, mais plutôt d'améliorer la technique du nageur. On peut citer parmi ces plaquettes les PT paddles® (Finis) qui ont pour but d'enlever à la main son appui sur l'eau (l'antiplaquette en quelque sorte). Elles obligent le nageur à créer un appui sur l'eau non plus avec sa main mais avec son avant-bras dans un but pédagogique : renforcer la sensation d'appui de cette partie du corps. Elle se rapproche de l'effet créé quand on nage poings fermés.

Il existe également les Freestyler® (Finis). Conçues pour le crawl, ces plaquettes sont fines et sont fixées au nageur par un élastique uniquement autour du majeur. Si le nageur n'a pas un bon geste d'entrée dans l'eau, la plaquette va alors tourner sur elle-même. Cela permet au nageur de se rendre immédiatement compte que son geste n'est pas bon techniquement. Pour ressentir l'appui avec ce type de plaquettes, il va alors devoir corriger son geste. Il existe également les Finger paddles® (Finis) qui sont des plaquettes d'une taille très réduite qui se limite à la surface des doigts. Elles ont pour vocation d'augmenter les sensations du nageur au niveau de l'appui des doigts et du haut de la main.

Les plaquettes sont le plus souvent utilisées en crawl, mais on peut les utiliser dans les autres nages, bien que cela dépende de leur forme et de leur taille. Pouvoir manier les plaquettes en papillon par exemple n'est pas donné à tous les gabarits. Si vous désirez utiliser des plaquettes dans plusieurs nages, n'hésitez pas à acheter deux ou trois tailles différentes afin d'avoir les plaquettes adaptées.

56• LE TUBA

Le tuba permet au nageur de pouvoir respirer tout en gardant la tête sous l'eau. Cela lui évite donc d'avoir à émerger sa bouche pour inspirer. Cet accessoire a un réel intérêt pour se concentrer sur sa technique en libérant le nageur de la contrainte de l'inspiration hors de l'eau. C'est un accessoire très intéressant pour parfaire la symétrie de sa nage, en particulier pour les nageurs qui respirent toujours du même côté. En effet, à force d'inspirer toujours à gauche par exemple, le nageur aura tendance à avoir le bras droit plus faible techniquement que le bras gauche. Grâce au tuba, il pourra facilement se concentrer sur le travail du bras droit. Dans ce cadre, un tuba frontal sera plus adapté qu'un tuba latéral.

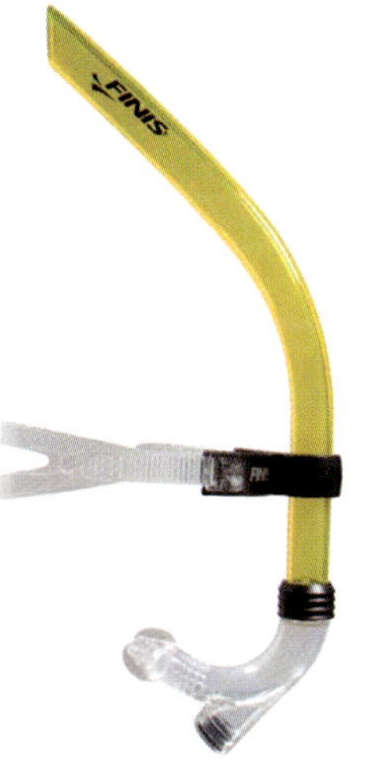

CHAPITRE 7

UN PLAISIR SANS FIN

La natation est un sport où, à tous les âges, on peut chercher à progresser, à augmenter son plaisir de nager. Par progrès, il faut entendre beaucoup plus que le simple fait de gagner quelques secondes sur sa distance préférée.

Pour celui qui ne fait pas de compétition, franchement, la vitesse, quelle importance ?

Plutôt que de se focaliser sur le nombre de longueurs que l'on peut couvrir en une heure, pour rester motiver, on a davantage intérêt à améliorer sa technique pour **prendre plus de plaisir** à nager indépendamment du chrono. Dans ce domaine, la marge de progression est infinie (ou quasiment) et ce, à tous les âges ! Il est très rare après une séance que l'on ne puisse pas se dire : « *tiens j'ai amélioré cela, j'ai une meilleure sensation sur un point ou un autre* ».

La natation, c'est quatre nages, mais aussi les ondulations, les battements, les culbutes... Cela fait de nombreux domaines dans lesquels tout le monde peut prendre du plaisir à progresser sans jamais avoir à regarder son chrono.

Si vous plafonnez dans une nage, passez à une autre. Au bout du compte il est fort probable que les progrès réalisés dans cette deuxième nage rejaillissent sur la première. C'est l'une des beautés de la natation qui en fait un sport comme nul autre pareil !

Quelques pistes de réflexion pour progresser et prendre du plaisir à nager

- **Nager avec un but.** Avant de commencer votre séance, pensez à quelques points techniques à améliorer durant la séance. Notez qu'il est rare de pouvoir se concentrer sur plus de deux ou trois points à la fois.
- **Analyser sa nage pour l'améliorer.** Si vous tentez de vous inspirer d'autres nageurs, meilleurs que vous, cherchez avant tout à comprendre pourquoi leur technique est meilleure que la vôtre avant de les copier. Ce livre pourra sans doute vous y aider.
- **Chercher à être un centre de quiétude lorsque l'on nage.** Passez la plus grande partie de votre séance à chercher à nager de façon à ne pas ressentir de la fatigue, mais du bien-être. Apprenez à domestiquer l'eau. Elle n'est pas un ennemi, au contraire elle est là pour vous détendre et vous porter.
- **Prendre conscience de son environnement.** Cherchez à ressentir les forces qui s'appliquent sur vous lorsque vous nagez : la gravité, la poussée d'Archimède (sentez-vous comme elle vous porte ?), les forces de frottement de l'eau. Pour cela, vous pouvez commencer vos séances par nager lentement, juste pour reprendre conscience du bon équilibre de votre corps dans l'eau. Vous pouvez aussi fermer les yeux quelques instants pour vous aider à vous concentrer sur vos sensations.

57• « *C'EST COMME MARCHER !* »

L'idée m'est venue d'une réflexion de la nageuse américaine, Nathalie Coughlin qui, décrivant la manière dont elle crawlait, disait : « *It's like walking !* » (« *C'est comme marcher !* »).

C'est typiquement le genre de phrases énigmatiques qu'on entend parfois en natation (tout comme « nager en descente »). Car franchement, à première vue, s'il existe deux activités bien différentes, c'est bien la marche et le crawl. L'une se passe dans un plan vertical et l'autre dans un plan horizontal.

Après réflexion toutefois, j'ai mon interprétation de cette phrase et je crois qu'elle a beaucoup de sens.

Arrêtons-nous un instant sur nos sensations en crawl et au lieu de penser horizontalité, pensons verticalité !

Pour beaucoup de nageurs (et particulièrement ceux qui n'ont pas pratiqué la natation en club dès le plus jeune âge), l'horizontalité est quelque chose de très perturbant car le cerveau perd ses repères et met en marche une sorte de processus d'alarme qui vient dire : « *Attention, il faut que je sois et reste horizontal !* ». Une bonne partie de l'énergie et de la concentration se dirige vers cette obsession d'horizontalité et va donc s'accompagner de tensions et de contractions. Or, c'est quasiment superflu puisque nous sommes portés par l'eau : l'horizontalité résulte avant tout de l'eau, de la flottaison et non pas des contractions musculaires du nageur.

Pour contrer ce phénomène, imaginons-nous non pas sur un plan horizontal, mais sur un plan vertical, comme si le fond du bassin était un mur (et non un plancher) et cherchons à retrouver la sensation du corps lorsqu'il marche tranquillement bien posé verticalement sur ses pieds.

Pour cela, oublions un peu la technique des bras et concentrons-nous sur les sensations de notre dos et notre colonne vertébrale. La tendance à vouloir capter « l'horizontalité » quand on nage occasionne des tensions importantes dans le dos qui, à la longue, fatiguent. Analysez-vous quand vous nagez : ne ressentez-vous pas ces tensions ? Quand nous marchons, nous ne ressentons pas ces tensions : tout le corps est bien aligné et posé verticalement, le regard vers le fond du bassin, en étant un centre de quiétude.

Nager en crawl comme si on était sur un plan vertical et non horizontal... Se visualiser aller de haut en bas, comme « remonter » une longueur... C'est une approche intéressante. Cette recherche de sensations permet un plus grand relâchement musculaire. Si vous voulez accélérer, augmentez juste la fréquence des bras, sans contraction, ni tension, toujours relâché.

Lorsqu'on « marche » ainsi en nageant, il ne faut pas pour autant mettre de côté le roulis, car l'écueil serait de nager à plat. Il faut donc visualiser son corps vertical sur l'eau effectuant un mouvement souple des épaules. Le battement de pieds lui se limite plutôt à une recherche d'équilibre, à un pas tranquille, comme en marche en quelque sorte.

En cela, les bons nageurs ont l'aisance des marcheurs, comme l'exprimait ainsi Nathalie Coughlin : « *It's like walking !* ».

58• LA DROITE DES CRAWLEURS

Au moment où il est au plus fort de son roulis, le nageur doit chercher à tracer une droite virtuelle qui passerait par l'aine, l'aisselle et sa main sous-marine.

Nageur au plus fort du roulis.

Pensez à former à ce moment-là, une belle droite, bien tendue vers l'avant. Pour cela, n'hésitez pas à appuyer le haut de la cage thoracique vers le fond pour ainsi bien placer la hanche et les jambes dans le sillage du corps.

Pensez à cette droite virtuelle comme un contrôle de votre assiette durant votre nage, comme le pilote d'avion qui vérifie sur son cadran que son avion ne pique pas du nez ou ne monte pas au ciel. Cette droite ne doit pas être forcément horizontale et exactement parallèle à la surface. Il est souvent préférable qu'elle pointe très légèrement vers le fond pour permettre à la fois au bassin d'être plus proche de la surface et à la main d'être en meilleure position pour initier la prise d'appui sur l'eau. À chaque nageur de trouver la meilleure position possible en tenant compte de son style, de sa morphologie et de sa vitesse.

59• LE « *FLOW* »

En sport, le « *flow* » décrit cette sensation rare quand, en plein effort, le sportif se sent parfaitement bien, à la fois relaxé et puissant.

Ce concept de *flow* peut se définir comme un état d'équilibre parfait entre les exigences de la situation et le potentiel développé par l'athlète. Cet état, souvent qualifié de « petits nuages » ou de « pilote automatique », est en effet un état de réussite majeure, en prise directe avec le réel, facile, économique, où chaque action est pertinente et où les erreurs sont presque inexistantes. Cet état va bien au-delà de la sensation de plaisir qu'on ressent parfois en sport d'endurance du fait principalement des endomorphines secrétées. C'est une sensation beaucoup plus profonde et rare.

Le *flow* n'est pas propre au sportif. Selon le psychologue Mihaly Csikszentmihalyi, qui a travaillé sur ce phénomène, le *flow* comporte huit caractéristiques majeures.

Le *flow* survient quand :

- La tâche entreprise est réalisable, mais constitue un défi et exige une aptitude particulière.
- La tâche exige une concentration profonde qui absorbe et canalise l'attention.
- Cette concentration est rendue possible parce que l'activité a un but précis et bien compris.
- L'activité donne lieu à un *feed-back* immédiat, car on sait quand le but est atteint, l'activité ayant un sens pour elle-même.
- On agit en s'impliquant complètement, mais sans vraiment ressentir l'effort comme quelque chose de douloureux. On n'est plus conscient des soucis et des frustrations de la vie quotidienne.
- On a le sentiment d'exercer un contrôle sur son action (et non pas d'être contrôlé par elle, comme dans le cas d'une dépendance quelle qu'elle soit).
- Le souci de soi disparaît, mais paradoxalement, le sens de soi se trouve renforcé après cette « expérience ».
- La perception du temps change, les heures deviennent des minutes et les minutes peuvent se prolonger en heures.

Cet état de *flow* est paradoxal car le sportif a l'impression d'être à la fois en mode automatique et en même temps parfaitement en contrôle.

En sport, c'est une sensation que l'on ressent rarement, car il faut énormément de travail et d'entraînement pour que tous les paramètres de la performance sportive soient réunis à un instant donné à la fois physiquement et psychiquement.

Ressentir le *flow* est une chose, mais le maintenir en est une autre. C'est très difficile. L'excellent reportage sur le sprinteur Asafa Powell, un temps recordman du monde du 100 m en athlétisme (9"74), disponible sur le site www.nataswim.info (épisodes 3 et 4) l'illustre parfaitement. Il décrit comment Powel, alors qu'il était sans aucun doute intrinsèquement le coureur le plus rapide du monde (il possédait la plus grande vitesse de pointe, la plus longue foulée et la plus haute fréquence), fut battu par Tyson Gay au Championnat du monde d'Osaka en 2007.

Alors que pour réussir cette course, Powell aurait dû sentir le *flow* du début à la fin, on le voit se décomposer au milieu de la course lorsqu'il sent Gay lui tenir tête dans la ligne à sa droite. Tout cela est parfaitement expliqué dans le reportage : Powel panique et son cerveau abandonne ce mode du *flow*. Il n'est plus en pilote automatique pour commander ses muscles, l'équilibre se rompt et sa technique se désagrège. Ses automatismes et son cerveau envoient des ordres contradictoires aux muscles, il perd toute sa décontraction et sa vitesse, phénomène appelé « coactivation musculaire ».

60• LA MOTIVATION

Les Anglo-saxons sont particulièrement doués pour trouver les petites phrases qui motivent. En voici quelques-unes librement traduites, à lire par exemple les jours d'entraînement difficiles.

• « *You are braver than you believe, stronger than you seem and smarter than you think.* »
« Tu es plus courageux que tu ne le crois, plus fort qu'il n'y paraît et plus intelligent que tu ne le penses. »

• « *Today I do what others will not, so tomorrow I do what others cannot.* »
« Aujourd'hui je fais ce que les autres ne feront pas, ainsi demain je ferai ce qu'ils sont incapables de faire. »

• « *Of course it's hard. It's supposed to be hard. If it wasn't hard, everyone would do it. The hard... is what makes it great.* » Or simply « *Nothing great is easy.* »
« Bien sûr que c'est difficile. C'est fait pour être difficile. Si ce n'était pas difficile, tout le monde pourrait le faire. C'est parce que c'est difficile que c'est grand ». Ou plus simplement « Rien de ce qui est grand n'est facile. »

• « *Be not afraid of going slowly ; be afraid only of standing still.* »
« Ce n'est pas d'aller lentement qui doit t'inquiéter, c'est de ne pas avancer. »

- « *Luck : when opportunity meets preparation and hard work.* »

« La chance, c'est l'occasion qui se présente quand tu es prêt et que tu as travaillé dur. »

- « *The only time success comes before work is in a dictionary.* »

« Le seul endroit où le mot "succès" vient avant le mot "travail", c'est dans le dictionnaire ! »

- « *Only the mediocre are always at their best.* »

« Seuls les médiocres sont toujours à leur top. »

- « *A pessimist sees the difficulty in every opportunity ; an optimist sees the opportunity in every difficulty.* »

« Un pessimiste voit la difficulté dans chaque opportunité ; un optimiste voit une opportunité dans chaque difficulté. »

- « *The best way to eat the elephant standing in your path is to cut it up into little pieces.* »

« Il n'y a qu'une manière de manger un éléphant qui te bloque la route, c'est de le couper en petits morceaux. »

- « *Pain is just weakness leaving the body.* »

« La douleur, ce n'est que de la faiblesse qui quitte le corps. »

- « *When you're going through Hell, keep going !* »

« Quand tu rencontres des difficultés, ne baisse pas les bras et tu t'en sortiras ! »

- « *The hardest piece of fitness equipment is the front door.* »

« L'appareil de fitness le plus dur, c'est la porte de la maison. »

- « Nager sans effort demande beaucoup d'effort. »
- « L'eau est ton amie. Tu n'as pas à te battre contre l'eau, mais juste à en partager l'essence, à entrer en symbiose avec elle et alors elle t'aidera à avancer. »

Alexander Popov (quadruple médaillé d'or olympique)

61• LA PUISSANCE DE L'IMAGERIE MENTALE

À l'image de Steve Jobs, fondateur d'Apple, celui qui arrive à imposer sa vision aux autres a toutes les chances d'être le vainqueur, si tant est que sa vision soit la bonne. C'est le pouvoir des vrais visionnaires : rendre le monde conforme à leur vision ! C'est sans doute pour cela que les fans d'Apple se comportent comme des fidèles à une religion.

Maintenant en quoi cette remarque peut-elle avoir un lien quelconque avec la natation ? La natation fait partie de ces sports pour lesquels les mécanismes de visualisation sont extrêmement importants. Il s'agit en effet pour le nageur de réaliser un grand nombre d'actions physiques dans un temps extrêmement bref : placement des différentes parties du corps et réalisation de mouvements variés par chacune de ces parties du corps.

Il n'est pas possible de « penser » chacun de ces mouvements dans un temps si court. Il est donc nécessaire de créer des **automatismes**. Encore faut-il que ces automatismes s'enclenchent sur demande quel que soit l'environnement. C'est là que la visualisation entre en jeu.

Plutôt que de chercher à penser à chaque détail, il est plus intéressant de chercher à avoir une perception de soi-même, une vision globale de soi, alors qu'on réalise le bon mouvement. En se rappelant de cette vision et en cherchant à s'y conformer, les automatismes reviendront et le bon geste avec, même dans les moments les plus stressants où justement la pression rend extrêmement difficile la concentration sur tous les détails du geste. Celui qui aura la bonne image mentale au bon moment et qui saura la garder quoi qu'il arrive aura alors un avantage décisif sur ses concurrents !

Il est certainement intéressant pour cela de rechercher à coller une image précise globale de soi à une phase donnée de la nage.

Exemple avec la recherche d'amplitude

- **Première approche :** *je pense à étendre tout mon corps c'est-à-dire pointer mes orteils vers l'arrière, tendre ma jambe en la gardant dans le sillage de mon corps, étendre toute ma ceinture abdominale et la contracter, avancer mon épaule sous mon menton, pointer mon bras vers l'avant, ne pas plier le poignet, etc.*

Cette recherche d'amplitude va durer quelques dixièmes de secondes et je dois penser à tout cela, alors que je suis dans le stress d'une compétition, d'un départ de nage en eaux libres ; c'est mission impossible !

- **Seconde approche :** *à l'entraînement alors que lentement, sans stress, je réalise tous les mouvements que je viens de décrire, je cherche à connecter le ressenti de mes sensations à une image mentale, pour l'exemple, disons la coque d'un voilier de course, fendant l'eau de la proue à la poupe. Je visualise cette coque, par mes sensations, je suis cette coque. C'est ma vision.*

À cette vision simple et globale est associée dans mon cerveau une foultitude d'automatismes (tels que je les ai mentionnés au paragraphe précédent) qui correspondent à la position exacte que je cherche à atteindre.

Ce simple exercice de visualisation globale permet instantanément sans même avoir à penser à chacun de tous ces détails d'adopter la bonne position et de réaliser le bon geste. Dès que l'on sent que l'on perd sa nage, on repense à cette image mentale pour retrouver sa technique. Prendre cette habitude sera un facteur de confiance en soi très important à tout moment dans l'épreuve.

En cela, celui qui saura pratiquer cette visualisation de la manière la plus appropriée et efficace possible aura un immense avantage sur les autres et une grande force en lui.

Cette force de la visualisation va bien au-delà des simples détails techniques et doit permettre la réalisation de la meilleure performance dans son ensemble quel que soit l'environnement. C'est cela la force de la vision et du paradigme.

62• LE GESTE PARFAIT

Voici comment Haydn Woolley, champion de natation néo-zélandais décrit le geste parfait lors d'un cycle de bras. Il traduit ses sensations dans l'eau durant un peu plus d'une seconde que dure ce cycle.

« *Chacun de mes mouvements de bras se décompose en cinq phases, chacune parfaitement réalisée.*

Ces phases se combinent dans l'expression gracieuse et souple de la puissance qui me fait traverser ce liquide que j'aime tant, avec une telle apparence de facilité.

- *La phase la plus importante est la manière dont je vais chercher l'eau devant moi (*reach*).*
    - *Je dois m'assurer tout d'abord de la manière dont ma main entre dans l'eau : mes doigts doivent percer l'eau sans bruit, ni turbulences, à environ 30 cm devant ma tête. À la suite, mon coude disparaît dans l'eau et mon épaule s'avance, légèrement vers le bas, pour réaliser l'extension complète du bras.*
    - *Ma main est alors à 25 cm sous la surface de l'eau, dans l'axe de mon épaule ; elle recèle toute la force de mon être en elle.*

Rappelons quelques caractéristiques propres à la définition de l'art :

- l'art est une activité humaine, le produit de cette activité ou l'idée que l'on s'en fait, s'adressant délibérément aux sens, aux émotions et à l'intellect (d'après wikipédia) ;
- l'art s'incarne au travers de l'œuvre d'art ;
- l'art requiert le plus souvent la maîtrise d'une technique sans faille et l'art s'inscrit dans une démarche d'apprentissage et de perfectionnement continue ;
- l'art s'inscrit dans une recherche esthétique.

À partir d'un certain niveau, le nageur ne peut-il pas se retrouver dans toutes ces phrases lorsqu'il pratique la natation ? On peut par exemple parfaitement aborder la pratique des éducatifs en natation comme celle des katas en karaté : la recherche du geste parfait, le plus efficace, effectué avec la plus grande précision possible. Le nageur se fait geste et le geste devient le nageur.

Le nageur qui inscrit sa pratique dans cette démarche n'abordera plus l'enchaînement des longueurs d'une manière lassante et mécanique mais au contraire cherchera à libérer son énergie créatrice pour délibérément stimuler ses sens, son intellect et ses émotions dans la recherche d'un éternel perfectionnement.

Fort de cet argument, peut-être que certains lecteurs imaginent déjà l'attribution de maillots ou bonnets de différentes couleurs (en judo, ce sont bien des ceintures) ou comme en karaté de 1er, 2e ou 3e dan ! Nager 25 mètres en crawl en 10 coups de bras mériterait-il le 5e dan ? Je ne pense pas qu'il faille aller jusque là.

Devoir évoluer dans le milieu aquatique qui nous est si étranger, perturbe nos repères de terriens. Cela nous oblige à repenser la géométrie de notre corps et de nos mouvements, à trouver de nouveaux repères, à nous concentrer sur nos sensations et surtout à répéter inlassablement les mêmes mouvements pour parfois ne modifier qu'un infime détail afin que notre nage soit plus harmonieuse. En un mot, cela nous oblige à maîtriser notre art ! Cette recherche d'harmonie du geste ne peut aller de pair qu'avec une recherche d'harmonie intérieure et point besoin de chronomètre ou d'être au cœur de sa jeunesse pour cela. Notre corps est le seul outil nécessaire et nul doute qu'il saura nous remercier des longues heures passées à se muscler et s'assouplir au fil des longueurs.

Prenons dès lors ce temps consacré à la natation comme une chance formidable de recherche d'équilibre et d'harmonie. Le nageur expérimenté sait que plus il perfectionne son geste, plus il tend vers la simplicité. Le crawl est simple. Quand il est compliqué, cela signifie tout simplement que le nageur est dans l'erreur. Abordé de la sorte, peut-être que l'art natatoire reprenant ses lettres de noblesse peut se concevoir comme une école de la vie et une voie vers la sagesse. À chaque passionné de natation d'en tenter l'expérience !

64• LE CARNET À SENSATIONS

Il est courant d'avoir un cahier d'entraînement où l'on inscrit le contenu de ses séances.

Pour celui qui veut progresser en natation, il est intéressant d'y ajouter des annotations sur les ressentis. Il arrive souvent qu'au cours d'une séance, on prenne conscience de certaines sensations, d'un certain placement, d'un certain mouvement qui semblent nous faire progresser. Notez ces prises de conscience avec la date et éventuellement l'éducatif auquel vous pensez pour parfaire ce point.

Ces notes peuvent prendre l'aspect d'un tableau à plusieurs colonnes : une pour la date de la séance, une pour l'action ou les actions que le nageur a cherché à réaliser en particulier (par exemple : garder le coude haut sous l'eau), l'éducatif réalisé pour cela et la sensation qui en a résulté. Avant la séance suivante, relisez les dernières impressions pour vous les remémorer et les imprimer dans votre esprit.

Parfois, il arrive que l'on revienne sur certains ressentis, on corrige, on se rend compte que l'on a fait fausse route. Le carnet permet de garder tout cela en mémoire et en garde la trace (voir l'exemple ci-dessous).

CARNET À SENSATIONS

DATE	ACTIONS	ÉDUCATIFS	COMMENTAIRES
31 MARS	Crawl : travail en EVF : réalise l'importance du roulis des hanches quand on nage en EVF : aussi utiliser le poids qui passe d'un côté à l'autre		
15 FÉVRIER	Crawl : le chaînon manquant : la rétraction de l'omoplate pour bien faire monter l'épaule derrière !!!!!	Assouplissements	Sens beaucoup de puissance / mais épaule un peu feu peut-être car retour trop large du bras... bien rester dans l'axe

DATE	ACTIONS	ÉDUCATIFS	COMMENTAIRES
	Battement : penser à ne pas faire plonger les jambes / rôle des ischios sur le retour de la jambe		
	Étendre le bras plus vers la surface lors de la respiration (ciseaux / ex Ian Thorpe)		
28 JANVIER	Papillon longue distance : penser juste à l'ondulation / réduire les bras juste à 1/8e du cycle pour faire passer le centre de gravité devant les mains. Penser à casser les coudes lors du passage sous le corps	Ondulations	
28 JANVIER	Penser à faire passer son centre de gravité devant	Penser au sauteur en Fosbury	
22 DÉCEMBRE	Penser à la seconde loi de newton en papillon aussi (lancer les bras avec l'élan du corps plutôt que pousser derrière)		
21 DÉCEMBRE	En 2T suis plutôt sur 9 cycles par 25m... mais progrès en pensant à rester le plus près possible de la surface de l'eau	Éducatif du Fakir !	
18 DÉCEMBRE	À l'échauffement, au lieu de lancer le bras juste avec l'épaule, je le lance en bougeant le tronc et je m'aperçois que j'ai bcp plus de puissance	Penser à l'échauffement à reproduire ce mouvement bras-haut du corps	2nde loi newton F=MxA

ÉPILOGUE

La natation est un sport en permanente évolution : évolution au plus haut niveau puisque les entraîneurs étudient et réfléchissent constamment à de nouvelles techniques pour que leurs nageurs battent de nouveaux records mais aussi évolution au niveau amateur car tout nageur peut, à chaque séance, chercher à améliorer sa nage, peaufiner ses gestes, modifier son entraînement, changer ses objectifs.

Cette capacité d'évolution contribue grandement à l'intérêt et à la richesse de ce sport. Elle en fait d'ailleurs un sport d'endurance à part, car l'importance de la technique est telle en natation que les possibilités d'évolution (on pourrait parler même de révolution) sont multiples.

Même les meilleurs nageurs l'expérimentent. Ian Thorpe déclarait peu de temps après sa retraite, alors qu'il venait de discuter et nager en présence d'un nouvel entraîneur, que s'il appliquait les principes de cet entraîneur aujourd'hui, sa nage serait bien meilleure.

À côté du champion, l'amateur peut lui aussi, à tout âge, avec ses moyens plus modestes, chercher à mieux nager et avec plus de plaisir. Dix mille serait le nombre de répétitions nécessaires pour bien imprimer un automatisme dans le cerveau. Divisez dix mille par le nombre de coup de bras que vous effectuez à chaque séance et vous aurez une idée du nombre de séances nécessaires pour corriger un défaut, imprimer le bon geste... La persévérance est sans doute la qualité première d'un bon nageur.

Le stade ultime sera peut-être la quête d'une natation mêlant nage et méditation pour réaliser l'unification - même éphémère - du corps et de l'esprit, dans un élément où nous sommes portés et qui nous permet de trouver de nouveaux équilibres loin des repères terrestres.

Le nageur qui se lance dans une telle démarche, ouvre la porte sur des territoires inexplorés qui lui demanderont certainement encore de longues années d'apprentissage pour tenter d'en tracer les contours, un univers où, sous l'eau, pour paraphraser Baudelaire, *tout n'est qu'ordre et beauté, plaisir, calme et volupté !*

Je conseille de toujours s'efforcer de réfléchir au pourquoi d'un geste plutôt qu'un autre et de se concentrer sur la perception du geste. Au bout du compte, à force de persévérance, le nageur trouvera son style de nage et certainement prendra beaucoup de plaisir à nager.

Malheureusement (ou heureusement !) la natation est un sport qui demande de la constance et de la persévérance. Le bon côté c'est que la marge de progression dans le plaisir et la maîtrise est presque sans limite.

Enfin, c'est un sport individuel où chacun est libre de nager à sa façon, de façonner sa propre nage et de la faire évoluer à son rythme, loin des chronos si c'est son choix, juste pour le plaisir, même pour celui qui n'a strictement aucun don dans ce domaine.

Bonne nage à toutes et à tous !

LEXIQUE

- **Battement :** un mouvement des deux jambes (une s'enfonce et l'autre remonte).

- **Battement 2 temps :** 2 battements par cycle de bras ce qui implique que quand la main gauche commence à appuyer sur l'eau, le pied droit s'enfonce dans l'eau (et le gauche remonte vers la surface) et quand la main droite commence à appuyer sur l'eau, c'est le pied gauche qui s'enfonce.

- **Battement 4 temps :** 4 battements par cycle donc 2 battements (gauche-droite) pour le mouvement d'un bras.

- **Battement 6 temps :** 6 battements par cycle donc 3 battements (gauche-droite-gauche ou droite-gauche-droite) pour le mouvement d'un bras.

- **Cycle :** un mouvement du bras gauche + un mouvement du bras droit.

- ***Catch* :** expression anglaise pour désigner le moment où la main commence à prendre appui sur l'eau.

- ***Early catch* :** expression anglaise qui signifie que le nageur prend un appui tôt sur l'eau, la main à peine rentrée dans l'eau.

- ***Early Vertical Forearm* (EVF) :** technique consistant à plier le coude très tôt juste après l'allongement du bras vers l'avant, pour mettre l'avant-bras en position perpendiculaire au mouvement du nageur, la main pointant vers le fond du bassin.

• **Éducatif :** exercice qui permet d'isoler une partie d'un mouvement ou d'un geste afin de s'appliquer à mieux le réaliser. Il existe une très grande variété d'éducatifs en crawl. Cet ouvrage se contente d'en évoquer les principaux.

• **FQS (*Front Quadrant Swimming*) :** style de crawl en semi-rattrapé dans lequel le nageur se retrouve à un moment donné avec les deux mains sous l'eau devant la tête (pour en savoir plus lire pages 77 et 95).

• ***High-Elbow Catch* (HEC) :** en français dans le texte « attraper l'eau le coude haut ». Le nageur doit chercher à garder le coude haut dans l'eau lorsqu'il « attrape » l'eau avec sa main et son avant-bras. Avantages : le nageur va pouvoir appuyer sur l'eau avec toute la surface de son bras et de son avant-bras. Le coude haut va permettre aussi de bien mobiliser les grands dorsaux (muscles particulièrement puissants) lors de l'appui.

• ***Pull* :** expression anglaise pour désigner le moment où la main pousse sur l'eau.

• **Pyramide :** il s'agit d'une séquence de longueurs qui augmente puis diminue. Ainsi pour nager 3 200 m, il suffit de monter et descendre une pyramide de 8 longueurs dans un bassin de 50 m (1+2+3+4+5+6+7+8+7+6+5+4+3+2+1).

• ***Reach* :** expression anglaise pour désigner la phase durant laquelle la main pénètre dans l'eau et va se positionner pour initier l'appui sur l'eau.

• ***Recovery* :** expression anglaise pour désigner le moment où la main parcourt le trajet aérien.

TABLES DE PYRAMIDES

Voilà quelques exemples de pyramides avec la distance totale parcourue.

Formule de calcul : distance totale = (hauteur pyramide)^2 × distance d'une longueur

	EN BASSIN DE 25 M	EN BASSIN DE 50 M
PYRAMIDE 3 LONGUEURS =	225 m	450 m
PYRAMIDE 4 LONGUEURS =	400 m	800 m
PYRAMIDE 6 LONGUEURS =	900 m	1,8 km
PYRAMIDE 8 LONGUEURS =	1,6 km	3,2 km
PYRAMIDE 10 LONGUEURS =	2,5 km	5 km

BIBLIOGRAPHIE ET SITES INTERNET

Ouvrages

MARSHALL ADAMS : *Thoughts on the crawl stroke.*

LOIC BRANDA : *Nager en eau libre* (LB Prod.) (DVD)

ALBERTY M, POTDEVIN F, SIDNEY S, PELAYO P : *Analyse de la performance en crawl. Trois niveaux d'analyse.* Faculté des Sciences du Sport et de l'EP - Université de Lille 2.

DIDIER CHOLLET : *Approche scientifique de la natation sportive.* Vigot, 1997.

CECIL M. COLWIN : *Swimming into the 21 st century.* Human Kinetics Publishers, 1992.

YVES CORDIER ET MAX MALAURENT : *Triathlon, technique, tactique, entraînement.* Robert Laffont, 1991.

JOE FRIEL ET GORDO BYRN : *Going long.* Velopress, 2009.

JAMES N. JOHNSON, JASON GAUVIN, MICHAEL FREDERICSON : *Swimming biomechanics and injury prevention.* JTE Multimedia, 2011.

ERNEST W. MAGLISCHO : *Swimming fastest.* Human Kinetics Publishers, 2003.

TERRY LAUGHLIN WITH JOHN DELVES : *Total Immersion, the revolutionary way to swim better, faster and easier.* Simon & Schuster, 2004.

IAN MCLEOD : *Natation - Anatomie et mouvements.* Vigot, 2012.

DAVE SCOTT : *Dave Scott's triathlon training.* Touchstone, 1986.

CHRISTOPHE CARRIO : *Sculptez-vos abdos.* Thierry Souccar Editions, 2010.

CHRISTOPHE CARRIO : *Savoir s'étirer.* Thierry Souccar Editions, 2010.

Sites Internet

www.futuredreams.co.nz

www.totalimmersion.net

www.swimsmooth.co

www.endurancecorner.com
www.theraceclub.net
www.nataswim.info

Pour contacter S. Séhel : afbra@hotmail.com

Blog de S. Séhel : www.leplaisirdenager.blogspot.com